不登校に陥る子どもたち

「思春期のつまずき」から抜け出すためのプロセス

児童精神科医
成重竜一郎

合同出版

はじめに

著者は、児童精神科医です。児童精神科医というのは子どもの心の問題を専門に扱う医者です。あえて「心の病気」ではなく「心の問題」としたのは、実際のところ児童精神科にはうつ病や統合失調症のような本当の意味での「心の病気」の人ばかりではなく、「心の問題」、つまり悩みや苦しさで来院される人も多くいるからです。

多くの児童精神科医が考えていることだと思いますが、児童精神科医は大抵の場合、患者さんを治そうとはしません。もちろんうつ病など薬を使えばある程度すっきりよくなる病気であれば、それはきっちり治します。でも児童精神科医が扱う子どもの心の問題のほとんどはそもそもそのように治せるようなものが少ないのです。

たとえば、児童精神科医がかかわる患者さんの中でとても大きな割合を占めている発達障害を考えると、発達障害はもともと持っている能力そのものなので、そもそもその特性をなくしてしまうことはできませんし、発達の偏りである以上、発達を進めていくこと以外に状態をよくする方法はありません。薬、言葉かけ、かかわり方のアドバイス、環境の調整などをおこなうことで適応性を高め、学校教育や療育によって発達をうまく進めていけるようにしていくのが児童精神科の目標になります。

いわば、整えた環境や状況の中で子どもが育っていくのを待つ感じです。そう考えれば、本当に治してくれているのは子どもの周りの人たち、学校の先生であり、クラスメイトであり、親御さんであって、児童精神科医の仕事はナビゲーターのようなものです。

だから児童精神科医は、「治す」というよりは「よくなってもらう」というつもりで患者さんにかかわっています（若手の医師には常々「児童精神科医は治そうと思ったら負け」と指導しているくらいです）。そして「よくなってもらう」ための最良の環境や状況をイメージして、それに近づけるための「最善手」を打てるかどうかが腕の見せどころなのです。

実はそれは不登校についても同じです。大抵の児童精神科で、発達に関する相談についで多いのが不登校の相談だと思います。不登校はもちろん病気ではなく悩み、しかも解決がむずかしい悩みです。どのようにむずかしいかはこの本の中のテーマでもあります。だから、悩みを「軽くする」「解決する」「よくなってもらう」ようにナビゲートしていくことが課題になります。児童精神科医として働いていて感じるのが、この方法が世の中であまり認知されていないということです。

よくよく考えてみれば、学生時代も実際に親になってからも、子どもの心の病気や悩みについてまとまって学ぶ機会などふつうはありませんし、ましてや、それらにどう対応したらいいか、よほど専門的に学んできた人以外はわからなくて当然です。

親や周囲の支援者が子どもの心の病気や悩みに関する正しい知識を得て、少しでも適切な対応ができるようになれば、苦しんでいる子どもたちにとって大きな助けになります。

この本の中では不登校に対する基本的な考え方と実践的な対応法を紹介しています。児童精神科でおこなわれている対応法なので、一般の人にはまねできないのではと思われるかもしれませんが、決してそんなことはありません。なぜならば、これからこの本の中で説明している内容は、実際に児童精神科に相談に来られた親御さんや学校の先生、子どもたちに関係する人におこなっているアドバイスそのものだからです。

児童精神科医の仕事がナビゲーターのようなものだと言いましたが、これからお話しする内容は、子どもたちが不登校から回復するまでのナビゲーションのプロセスであり、それを進めていくのは親御さんであり学校の先生、社会教育に携わる支援者なのです。

この本が不登校の子どもたちを日々支えている親御さんや支援者にとって、普段の子どもたちへのかかわりのヒントとなり、そして子どもたちの悩みや苦しさの解消に少しでも役立つことを心から願っています。

成重竜一郎

目次

第2章 不登校の背景

第3章 家庭内暴力と不登校

第4章 電子メディア依存と不登校はどのように関係しているか

第6章 思春期の子どもに親はどう対応すべきか

第1章　不登校と思春期

不登校とは

この本のテーマは不登校ですが、そもそも不登校とはなんでしょうか。学校に行けないのが不登校ではあるのですが、不登校には公式な定義があります。

文部科学省の定義によると、不登校とは「なんらかの心理的、情緒的、身体的あるいは社会的要因・背景により、登校しない、あるいはしたくともできない状況にあるために年間30日以上欠席した者のうち、病気や経済的な理由による者を除いたもの」となっています。

文部科学省はこの定義に則《のっと》って毎年小・中学校の不登校者数を公表しています（図①、図②、図③）。それによると、2018年（平成30年）度の不登校者数は小学校4万4841人、中学校11万9687人であり、小中学校合計で16万4528人になります。児童・生徒全体に対する割合で考えると、小学校0・7％、中学校3・65％、小中学校合計1・69

図①　不登校者数の推移（小・中学校）

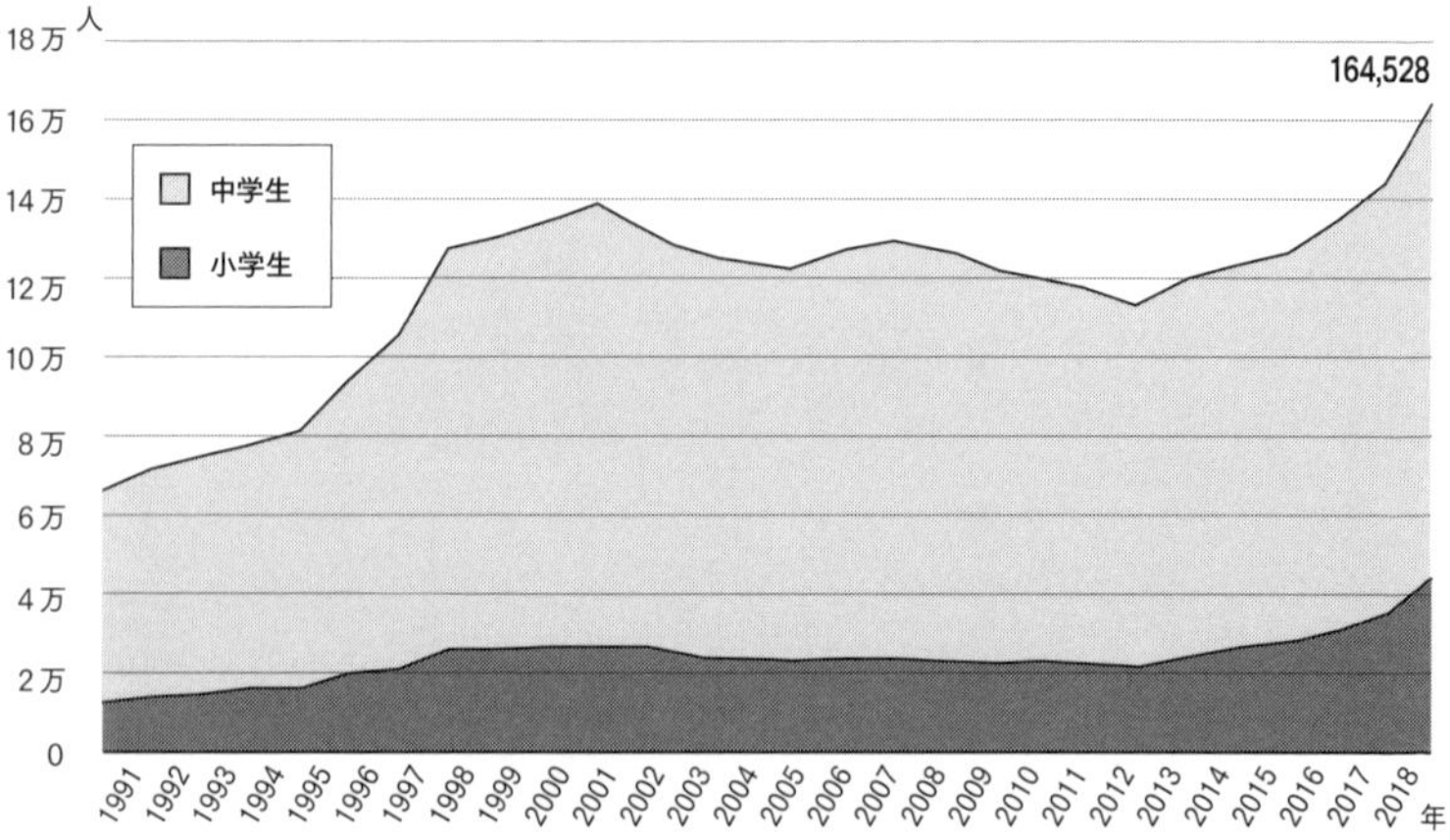

文部科学省初等中等教育局児童生徒課（2019）「平成30年度児童生徒の問題行動・不登校等生徒指導上の諸課題に関する調査結果について」より作成

図②　全児童・生徒に対する不登校者の割合の推移（小・中学校）

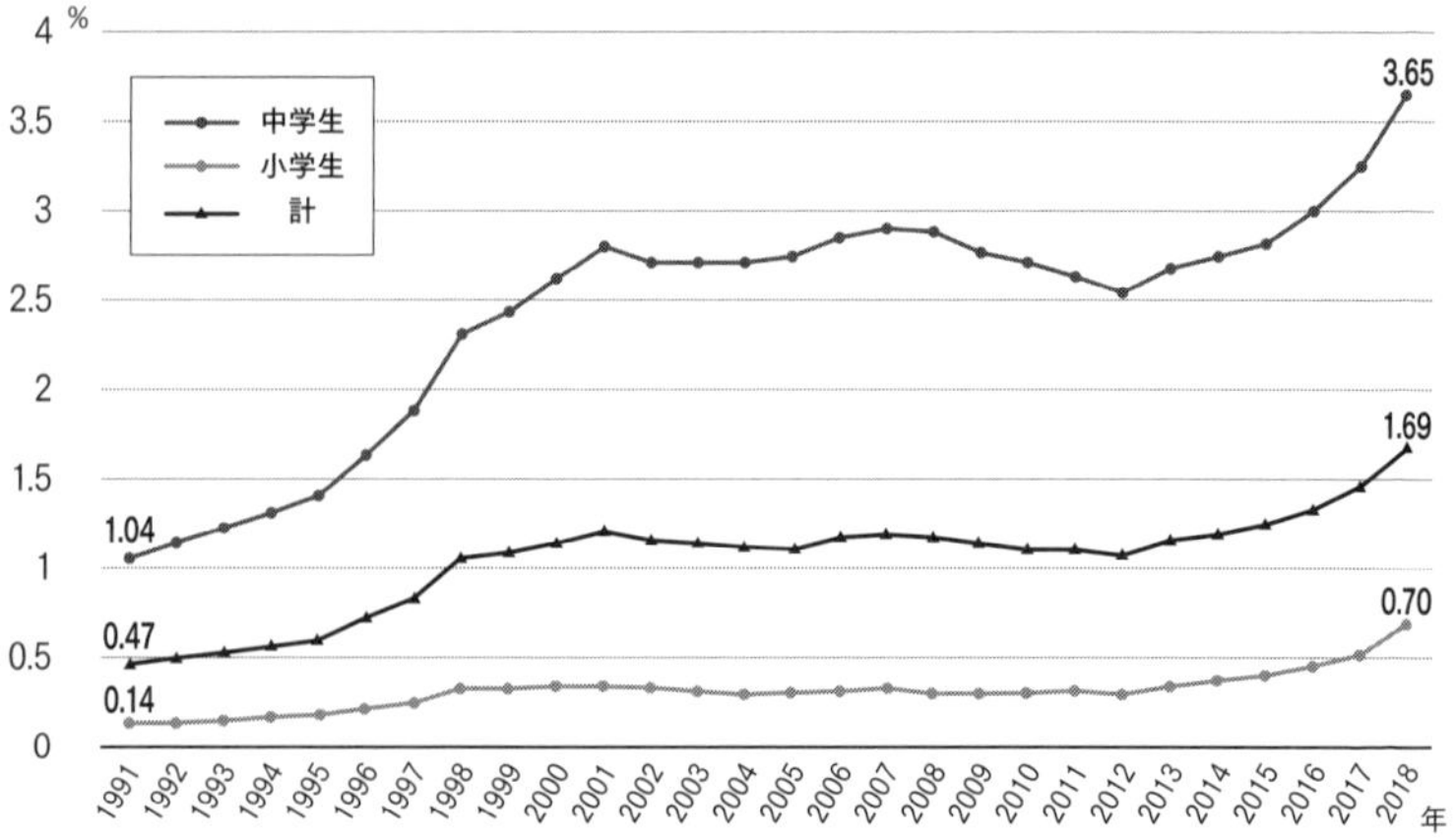

文部科学省初等中等教育局児童生徒課（2019）「平成30年度児童生徒の問題行動・不登校等生徒指導上の諸課題に関する調査結果について」より作成

図③　不登校者数の推移（高校）

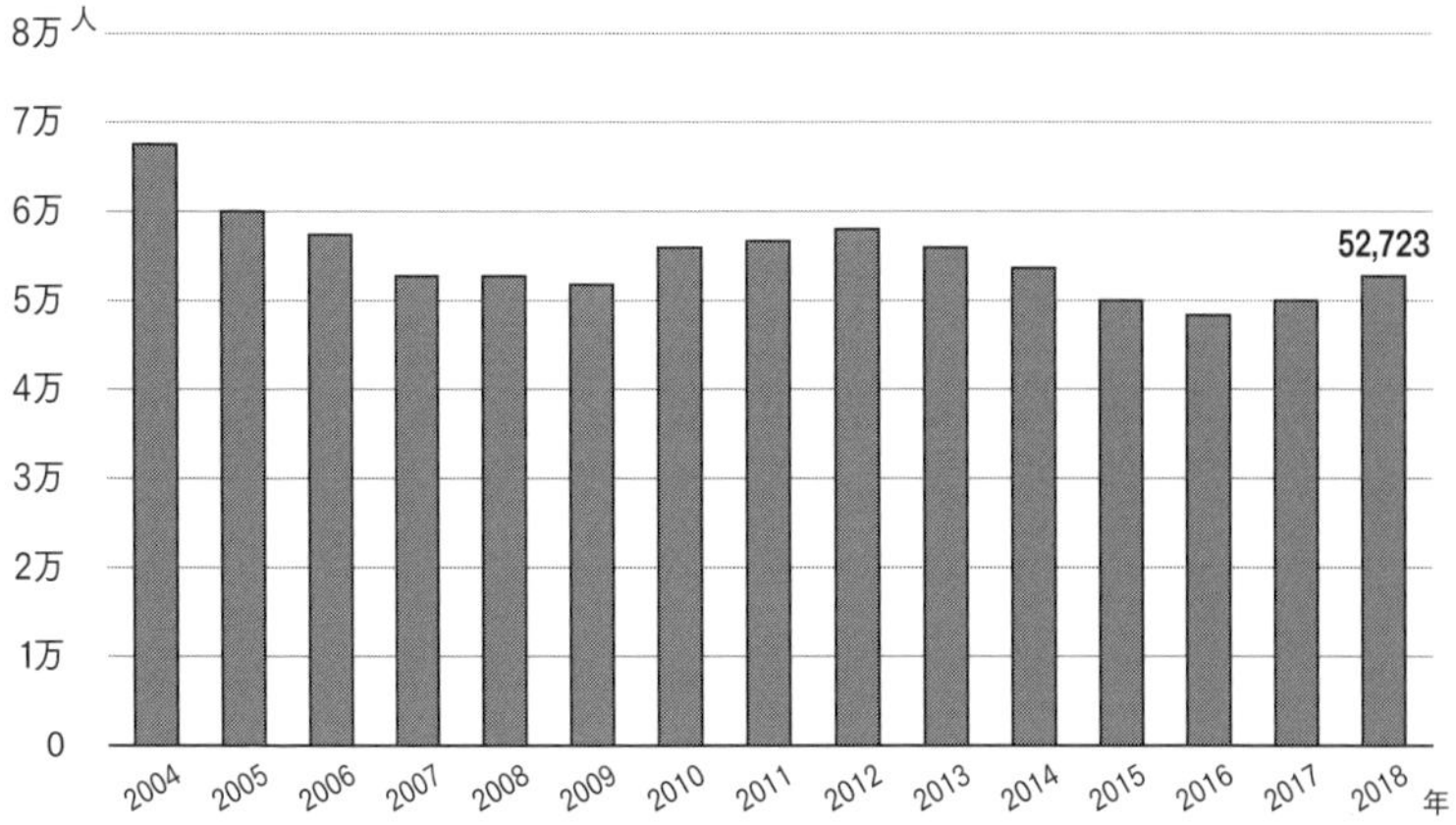

文部科学省初等中等教育局児童生徒課（2019）「平成30年度児童生徒の問題行動・不登校等生徒指導上の諸課題に関する調査結果について」より作成

％です。27年前の１９９１年（平成３年）度の不登校者数の児童・生徒全体に対する割合は小学校が０・１４％、中学校が１・０４％、小中学校合計０・４７％でしたから、この30年あまりの間に小学校で５倍、中学校で３・５倍、小中学校合計で３・６倍に増加したことになります。

　２００４年（平成16年）度から、高校の不登校者数も報告されていますが、２０１８年（平成30年）度の不登校者数は５万２７２３人になっています（図③）。

　この小中高合わせて、約22万人の不登校者数を多いと考えるか、少ないと考えるかは、それぞれの教育に対する考え方、子育てに関する考え方によって、さまざまな意見があるとは思いますが、一つ確かなことは、これらの数字が不登校者の実態から考えると、相当に少ない数字であることです。

さきほどの文部科学省の定義によると、不登校者は年間30日以上欠席した場合に限られますが、実際にはつぎのようなケースは非常に多く認められます。

①連日の遅刻や早退があっても欠席日数は年間30日に達していないケース

②登校しても教室には入れずにほとんどの時間を保健室や別室で過ごしているケース

③放課後に学校に顔を出すだけの登校をしているケース

④適応指導教室やフリースクールに通学していて学校への出席と同等の扱いとなっているケース

こうしたケースなどは、不登校者と同じ問題を抱えているにもかかわらず、不登校者にはカウントされないのです。

さらに、高校生の場合、高校に進学しなかったケースや、中途退学したケースは当然、不登校に含まれませんし、通信制高校はそもそもの登校日数が年間30日に満たないので、不登校という概念を適用することができません。通信制高校には、中学校時代に不登校だった人や高校で不登校となった人が入ることも多く、多数の不登校傾向の人が潜在しているものと思われます。

この本では文部科学省の定義による不登校よりは少し広めにとらえ、「なんらかの理由で登校に多かれ少なかれ支障がある場合」を不登校として考えています。

「学校恐怖症」「神経症的登校拒否」という名称で記載された現象

それでは、不登校という社会現象は一体いつからあるのでしょうか。

当たり前の話ですが、不登校という概念が成立するためには、子どもが毎日学校に通うのが当然という社会の状況と共通認識が前提になります。近代化の流れの中で子どもの教育が重視され、制度的に義務教育がおこなわれるようになることが不登校という概念の成立には必須です。

不登校の問題は、近代化が先行した欧米圏でまず問題になりました。不登校という現象が、世界で初めて学術的に報告されたのは、1941年、第二次世界大戦の真っ只中のアメリカで、「学校恐怖症（School phobia）」という名称が用いられていました。この報告の中で、すでに現代の不登校と基本的には同じような経過や状態像が記載されています。

一方、日本で、義務教育が小学校6年、中学校3年と規定されたのは、太平洋戦争後の1947年（昭和22年）、学校教育法が公布されてからで、それ以前の義務教育は事実上、初等教育の期間だけでした。学校教育法によって法律上、義務教育期間が9年間に拡大された後も、しばらくの間は家事や家業の手伝いのために、毎日登校できない子どもがいることは珍しいことではありませんでした。

日本で不登校が学術的な形で最初に報告されたのは1959年（昭和34年）で、この時は「神経症的登校拒否」という名称が用いられていました。「神経症的」とあえてつけられているのは、当時多かった非行や経済的理由などにともなう登校拒否と区別する意図ですが、「学校恐怖症」にしても「神経症的登校拒否」にしても、「○○症」という名称からわかる通り、当時の精神科医の間では不登校がなんらかの特殊な精神的疾患として認識されていたのです。

日本で不登校の問題が大きく取りあげられるようになったのは、1980年代のことです。当時、不登校は「登校拒否」という名称で呼ばれ、学校教育をめぐっては高学歴化にともなう受験戦争、非行・校内暴力、子どもの自殺など、不登校の他にも学校をめぐるさまざまな問題が非常に注目されていました。こうした状況を受けて、学校制度自体の見直しが図られることとなり、その後いわゆる「ゆとり教育」が導入されていくことになったのです。

不登校の増加にともない、当時の文部省は1989年（平成元年）に「学校不適応対策調査研究協力者会議」を発足させます。その1992年（平成4年）の報告で「登校拒否（不登校）」という表記が用いられ、その後不登校という用語が一般的に使われるようになります。この報告では、不登校について、特殊な精神的疾患ではなく、「どの子どもに起こりう

図④　学年別不登校者数（2018 年度）

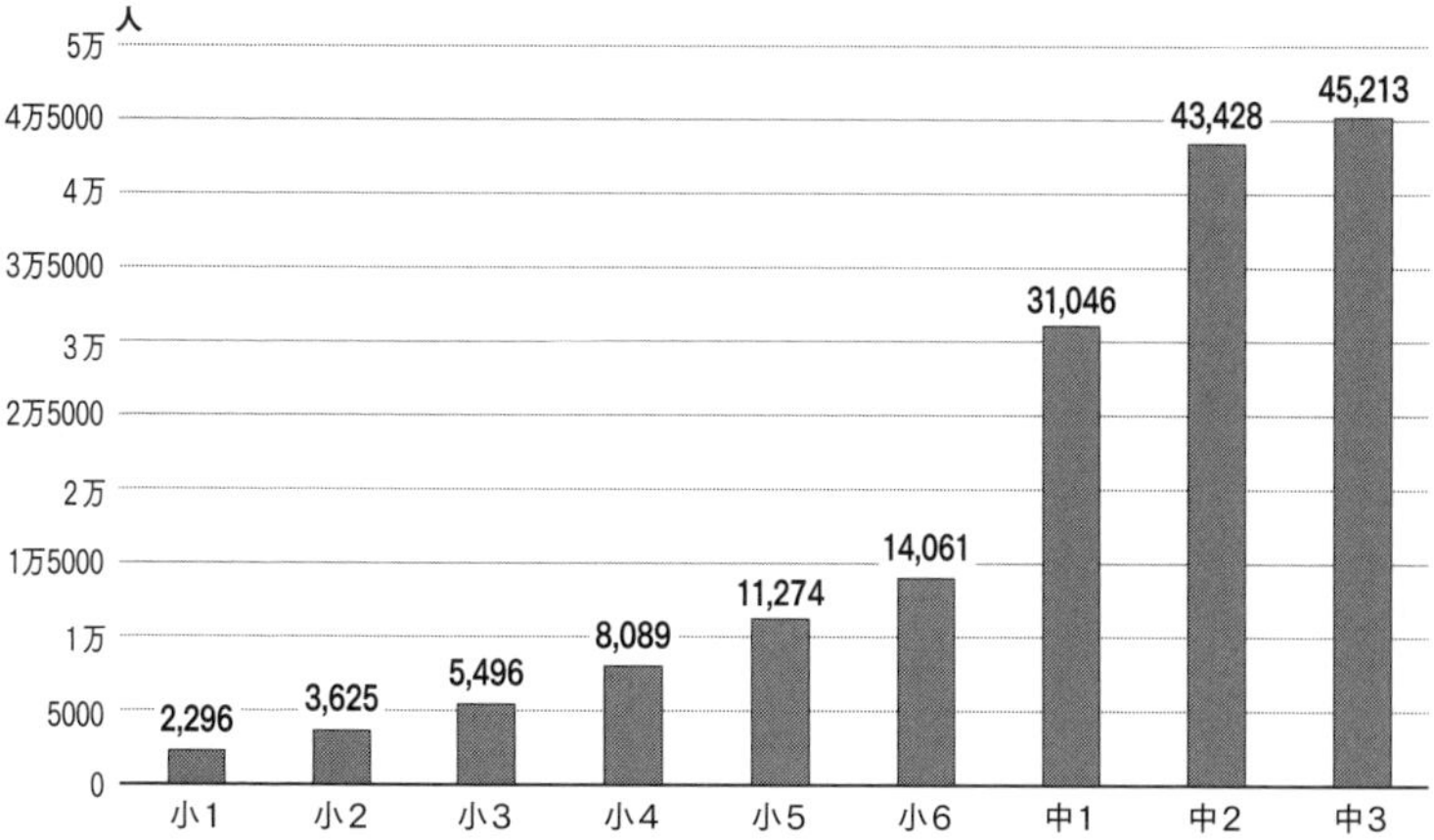

文部科学省初等中等教育局児童生徒課（2019）「平成 30 年度児童生徒の問題行動・不登校等生徒指導上の諸課題に関する調査結果について」より作成

るもの」と説明されており、学校現場において不登校を意識した対応をおこなう必要性が提言されています。

不登校の多くは思春期に始まる

図④を見てください。２０１８年（平成30年）度の不登校者数を学年ごとに並べたものです。不登校者数は学年があがるにつれて増加していきますが、その増加ペースは直線的ではなく、小学校6年生から中学校1年生になるところで急に跳ねあがっています。

こうした傾向は俗に「中1ギャップ」と言われており、中学校で集団の規模が大きくなることや、教科担任制に移行することなどの環境変化がその理由としてあげられることが多いのですが、この「中1ギャップ」にもっとも影響しているのは、思春期という時期そのものだと私は考えています。

そこで、本格的に不登校の話に入る前に、まず思春期について説明しておきたいと思います。不登校を理解するためには思春期について理解しておくことが非常に大事なのです。

「愛着」から始まる子どもの心の発達

いきなり思春期についての説明から始めてもよいのですが、発達というのは生まれてから少しずつ積みあがっていくものなので、順を追って説明していく方がおそらくわかりやすいと思います。

まずは乳幼児期から児童期、思春期と子どもの心の発達について説明していきたいと思います。

自由に動けなかった赤ちゃんが歩けるようになったり、しゃべれるようになったりするのが体の発達だとすれば、なにもわからなかった赤ちゃんがいろいろなことを知ってわかるようになっていくのが心の発達にあたります。心の発達は体の発達に連動しながら進んでいきます。体が発達してなにかができるようになれば、それによって経験や認識の幅が広がり、それに合わせて心も発達していきます。

心の発達における最初の段階は「愛着（アタッチメント）」の形成です。生まれたばかりの赤ちゃんは自力でなにもできないので、不快感を自分で解消することができません。そのため不快感があると泣くことで母親（母親以外の養育者でもよいのですが、日本では多くの場合、育児の主体が母親になっているので、ここでは母親として説明します）を呼び、助けてもらおうとします。

母親は、不快感の原因を探し出すために、あやしたり、おっぱいを口に含ませたり、おむつを替えたりと試行錯誤をくり返します。うまく不快感が取り除かれると、赤ちゃんは満足して泣きやみます。

このような赤ちゃんの不快感を母親が取り除くというくり返しの中で、赤ちゃんが母親に対して安心を感じられる関係性ができていきます。この関係性を「愛着」と呼んでいるのです。

「愛着のあるおもちゃ」などの用法から、「愛着」に「お気に入り」という意味合いを強く感じるかもしれませんが、この場合の「愛着」は「いざという時に助けてもらえるという安心感」という意味合いだと考えてください。

「愛着」の重要性は1950年代にイギリスの精神科医であるジョン・ボウルビー（1907〜1990年）によって理論化されましたが、乳児期に母親との間で形成された「愛着」が他者に対する信頼感の基本となり、その後のすべての人間関係の形成に影響を与えて

図⑤　子どもの心の発達の基本的なパターン

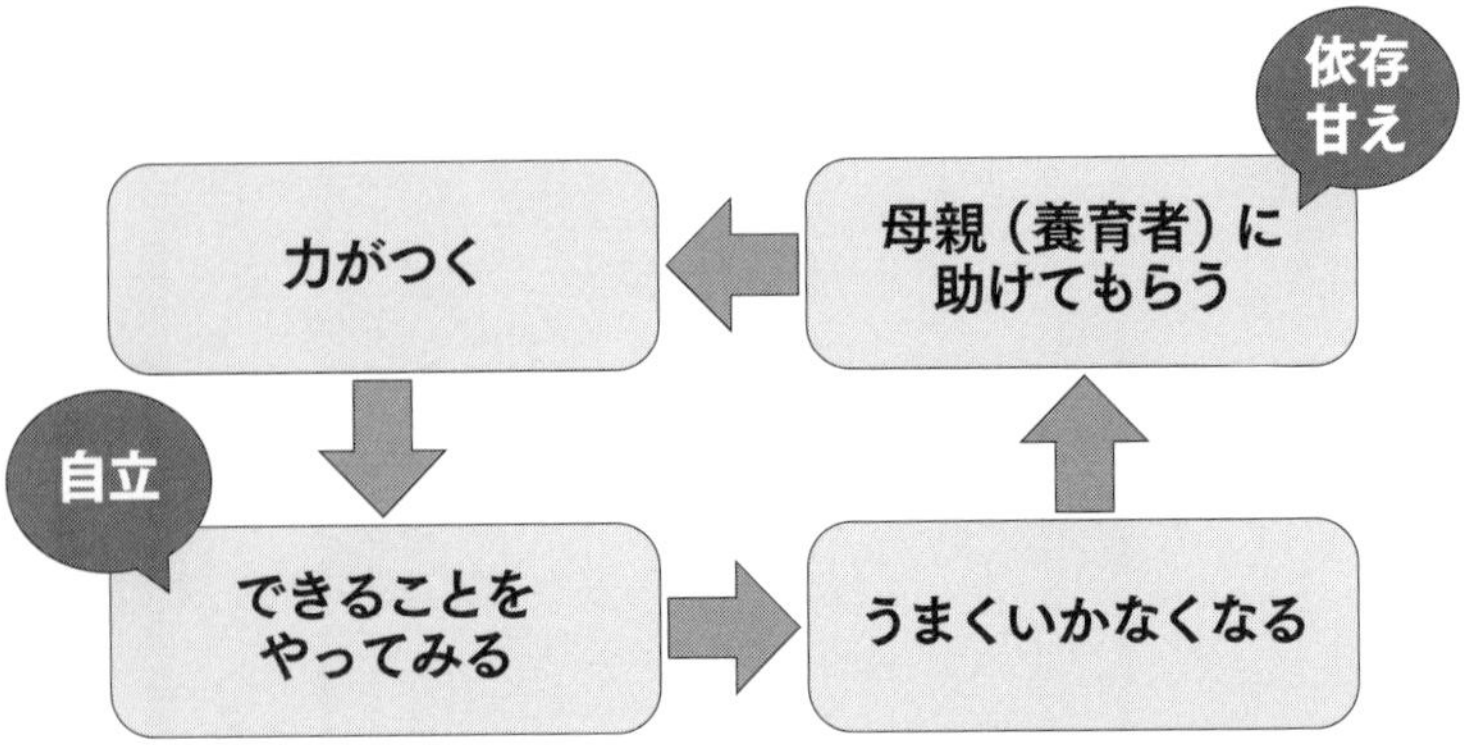

いくと考えられています。

赤ちゃんと母親との間で「愛着」がうまく形成されているかどうかが確認できるのが、少し動けるようになってくる6カ月くらいの赤ちゃんに見られる「後追い」や「人見知り」です。「後追い」は母親が赤ちゃんから離れようとすると泣きわめいたりすがりついてきたりすることで、「人見知り」は見慣れない人が来た時に母親にしがみついて離れようとしなくなることです。

余談ですが、自閉スペクトラム症の子どもだと他者への関心が乏しく、母親との愛着も形成されにくいため、「後追い」や「人見知り」がこの時期に見られないことが多く、これが自閉スペクトラム症を早期に見つけるための指標の一つにもなっています。

さて、「愛着」が形成された後の子どもの心の発達には基本的なパターンがあります。このパターンを発見したのはマーガレット・マーラー（1897

～1985年）というハンガリー出身の精神科医です。マーラーは乳幼児の実際の観察から赤ちゃんの成長過程における母子分離を理論化した人で、それを簡単に図示したものが図⑤です。

マーラーの理論は、フロイトの精神分析の影響が大きく、現代の感覚からするとやや古めかしい感じがしますが、もともとが乳幼児の実際の観察から生まれた理論なので、解釈の仕方はともかくとして、少なくともそこで起きている現象そのものは現代にも通用するものです。

①最初はなにもできずに母親にべったりだった赤ちゃんも、成長が進み、行動力や認識力があがると、自力でできることも増えていく。

②自力でやってみるようになるが、いきなり自力でなんでもできるようになるわけではないので、当然うまくいかないことが出てくる。

③その場合には「愛着」が形成されている母親のもとに戻ってきて、母親に甘えることで不快感を取り除いてもらおうとする。できるようになったら母親から離れてやってみて、うまくいかないと母親のもとに戻ってくる。

④こうした行きつ戻りつをくり返しながら、子どもは母親から少しずつ離れようとしていく。

⑤とくに、1歳前後で運動能力が高まることでいったん母親からの分離が進んだ後、1歳半頃に母親への分離不安が再び強まる時期があり、「再接近期」と言われている。
⑥母親との間の行きつ戻りつのくり返しの結果、マーラーは母親からの分離がある程度完成される時期を2～3歳とした。

マーラーは3歳までしか理論化しませんでしたが、母親への接近と分離をくり返しながら成長していくパターンは、子ども時代を通じて、それこそ成人して親元を離れるまで、ずっと続きます。

子どもは幼児期以降も行動力や認識力が高まっていくにつれ、母親の制止を振り切ってなにかをやってみようとし、うまくいかなくなると母親のもとに戻ってきて甘えることで力を蓄えようとするのです。こうした母親への接近と分離のパターンは1日の中でも認められます。

たとえば、学校では周りに合わせてきちっとやっている子どもが、家に帰ってきた途端にやるべきこともやらずにダラダラするといった行動パターンは、その表れと考えられます。外で気を張ってがんばって、家で気を抜いて甘えるという行動パターンは、その後、母親が他の安心できる人、物事、場所などに置き換わっても、生涯にわたって続いていきます。まさに「三つ子の魂百まで」というわけです。

「魔の2歳児」あるいは「第1次反抗期」

　さて、子どもの心の発達過程で、母親の言いつけや制止を振り切ってなにかをやってみようという傾向がとくに強くなる時期があり、日本ではその時期を一般に「反抗期」と呼んでいます。

　「反抗期」には「第1次反抗期」と「第2次反抗期」の2回があり、1回目の「第1次反抗期」は、マーラーが母子分離が完了する時期とした2～3歳の時期で、英語圏では「魔の2歳児（Terrible twos）」とも呼ばれています。2～3歳の子どもは、歩行が安定してきて、走ったり階段を昇ったりもできるようになります。言葉も「ママ」「パパ」などの単語中心から「ママ、ゴハン」「パパ、ダッコ」などの2語文、「ママ、ゴハン、チョウダイ」「パパ、ダッコ、シテ」などの3語文になって、自分の意思をかなり伝えられるようになってきます。

　身体的能力の向上によってできることが急激に増え、活動できる世界が広がることで、なにかをやってみようという意思が強まります。そもそも「できるようになったらやってみたくなる」というのは人間が持っている本性と言ってもよいでしょう。

　しかし、親からしてみると、子どもがどこかに行ってしまったり、高いところに登ってしまったり、うっかり目が離せなくなります。それを止めようとすると嫌がって素直に言うことを聞かず、育児に大変苦労する時期になるわけです。

こうして考えると「反抗期」にしても「魔の2歳児」にしても極めて親視点の言葉で、子どもの視点で考えれば「自立期」という表現が適切なのです。

自己中心性の幼児期

もちろん、2〜3歳で「第1次反抗期」が来たからといって、そこから一気に自立できるというわけではありません。なにかをやってみようという気持ちが強い時期は、それほど長続きしないのです。

子どもは3、4歳で、家庭や幼稚園、保育園などで、集団行動や社会生活をおこなわなければならなくなりますが、3、4歳ではそれを乗り越えられるほどの力がありませんので、結局、母親の助けを求めて戻ってきます。幼稚園や保育園に行っている時は背伸びしてがんばって、家に帰ってくると母親にベタベタするという「行きつ戻りつ」をくり返すのです。

先ほど、3、4歳の子どもには集団行動や社会生活を乗り越えられる力がない、と言いましたが、この時期に決定的に足りないのは「自分を客観的に見る視点」言い換えれば、「自分が他者からどう見られているか」という視点で、そうした能力が未発達なのです。

「自分が他者からどう見られているか」という視点は、人間に生まれつき備わっているわけではありません。発達心理学の分野で多大な功績を残したスイスの心理学者であるジャン・ピアジェ（1896～1980年）は、幼児期の特徴を「自己中心性」、すなわち「自分以外の視点」を持てないところにあると言っています。

このことは近年、自閉スペクトラム症の研究などで注目されている「心の理論」と呼ばれる、他者の気持ちを読み取る能力に関する研究においても実証されています。

脳の発達にともなって認知能力が向上し、抽象的な事柄が理解できるようになって初めて、「自分以外の視点」を認識できるようになると考えられ、3歳頃から少しずつ発達して、おおむね身についてくるのが6歳頃からだとされています。

そう考えると、保育園や幼稚園で子ども同士のケンカが頻繁に起きるのはある意味当然ですし、他者の視点を多くの子どもが認識できる6歳から小学校に通い始めるというのは非常に理にかなったことなのです。

「みんな仲よく」の児童期

小学校低学年にあたる6～9歳の時期が児童期です。この時期について精神分析を確立したことで有名なオーストリア出身の精神科医であるシグムント・フロイト（1856～1939年）は、大きな葛藤がない時期として「潜伏期」と呼びました。どうしてこの時期に大きな葛藤がないのかは、小学校低学年の子どもの行動を観察しているとわかります。

小学校低学年では男子も女子も関係なく、クラスメイトのことを「お友だち」と呼び、みんな仲よくすることが当たり前で、お互いの違いを無視した、緩やかで持続的な仲間関係がつくられています。また、そのように学校の先生たちも指導しています。

「人間の悩みは、すべて対人関係の悩みである」と言ったのはフロイトと同じくオーストリア出身の精神科医で、最近日本でも人気のアドラー心理学の創始者アルフレッド・アドラー（1870〜1937年）ですが、児童期では自分で努力しなくても対人関係がある程度前提としてつくられてしまう分だけ、対人関係の悩みが少ないのです。

ただ、この時期に困難に直面するのが発達障害の子どもたちです。自閉スペクトラム症や注意欠如・多動症（ADHD）を有している子どもの場合、周りを見て周りに合わせる力が定型発達の子どもたちよりも伸びにくいので、小学校低学年の時期に集団からはみ出しやすくなります。発達障害の子どもたちを見ていると、他者の視点を認識できるかどうかが集団行動においていかに重要かがよくわかります。

ドラえもんと「ギャングエイジ」の仲間たち

「みんな仲よく」という指導は小学校を通じてずっと続きますが、高学年になってくるとそれは単なるスローガンであって、現実はそうならないことを多くの子どもが経験していきます。

前思春期は10〜12歳頃の小学校高学年にあたる時期ですが、それまでの「みんな仲よく」的な緩やかな仲間関係から、性別や趣味・興味などによって選別された緊密な仲間関係に移行していきます。いわゆる「グループ」ができる時期で、この時期は「ギャングエイジ」とも呼ばれます。「ギャングエイジ」といっても犯罪集団化するわけではなく、単純に「構成員」「仲間集団」を強く意識する時期を表す言葉です。

「ギャングエイジ」では「同じ」であることが仲間関係の前提となり、仲間内だけで共有できる遊び、ルール、やり方、秘密などが大事にされます（この点は犯罪集団の「ギャング」とも共通しているかもしれません）。

「ギャングエイジ」の仲間関係がもっともわかりやすいのは、映画『ドラえもん』でしょう。「ドラえもん」は、のび太くん、ドラえもん、ジャイアン、スネ夫くん、しずかちゃんという個性の違う5人（4人＋1体）の仲間がある秘密や目的を共有しながら共に行動し、それぞれの持っている能力を生かしてさまざまな困難に立ち向かっていくストーリーになっています。もちろんアニメなので誇張はされていますが（現実世界ではそんなに壮大な冒険に出られることはありません）、5人の関係性が「ギャングエイジ」の典型なのです。

不思議なことに映画の中でドラえもんたちは、相当危機的な状況になっても大人を頼りません。実はここにも「ギャングエイジ」の関係性の特徴が表れています。「ギャングエイジ」における集団には、秘密や目的を共有していない大人を仲間として入れることはできないのです。というか、大人に知られてしまったら秘密が秘密ではなくなってしまうので、仲間関係の前提が崩れてしまうのです。

前思春期の緊密な仲間関係は、それまでの決められた（あるいは、与えられた）枠組みによる仲間関係とは違って、自分で選んで結んだ関係であるという特徴を持っています。これが前思春期の重要性を浮き立たせています。こうした仲間関係を維持するために前思春期の子どもたちは、集団内での自分の立ち位置を意識せざるを得なくなり、それが他者から自分がどう見られているかを強く意識するきっかけになります。

「同じ」である仲間関係から、自分の「違い」を意識し始めるのが、まさに思春期の始まりです。自己中心的だった世界に他者から見た自分という視点が加わることで、それまでの自己意識が大きく揺さぶられ、自己像を再構築する必要が出てきます。つまり、自己確立という大きな課題が、前思春期に続く思春期に立ちあがってくるのです。

「ギャングエイジ」の仲間集団が壊滅状態？

話が少し脱線しますが、今の子どもたちには、前思春期における「ギャングエイジ」的な仲間集団がとても少なくなってきている印象があります。そもそも「ギャングエイジ」的な緊密な仲間集団は、空間的にも時間的にも多くの体験を共有できないと成り立ちません。ところが、近年は塾や習いごとに通っている子どもたちが多く、子ども同士が自由な枠組みで一緒に遊ぶ時間そのものが減っているのです。

また、空き地や野山のような子どもたちが自由に遊べる（それこそ秘密基地をつくれるような）場所も今はほとんどなくなっており、危ないからという理由で親がつき添って子どもを遊ばせているような状況もしばしば見られます。

都会では、学区とは無関係に、居住地とは距離が離れた私立小学校に通っている子どもたちが増え、そもそも地域のコミュニティに帰属していない状況になっています。一方、地方では子どもの数が減り、気軽に遊びに行ける範囲に同年代の子どもがいないという状態になっています。このような状況では、「ギャングエイジ」的な仲間集団が成立しません。

「ギャングエイジ」的な仲間集団は「同じ」を共有することが前提ですから、「同じ」である部分さえ共有していれば、他の部分に「違い」があってもお互いを受け入れることができます。むしろこの「違い」の部分こそが仲間集団の中での価値や存在意義になります（「ドラえもん」のそれぞれのキャラを思い出してください）。

思春期の予備段階としての前思春期において仲間集団を形成し、他者との「違い」を認識した上で仲間に受け入れられた社会的経験を得られないことが、「自分は受け入れられないのではないか」という対人関係における疑心暗鬼が生まれる要因になり、それが近年における思春期の子どもたちの自信のなさや自己否定感の強さに影響しているのではないかと、考えています。

年齢では区切れない思春期

一般的に、思春期は中学生年代から高校生年代（13〜18歳の時期）と考えられていますが、思春期の機能的な意味を考えると一概に年齢では区切れません。思春期の機能的な意味合いとは自己確立、すなわち、自分が何者であるかを決めるための時期です。仮に思春期を「自己確立の時期」と定義すれば、思春期の始まりは自己を意識し始めた時点で、思春期の終わりは自己確立が成し遂げられた時になるわけです。

しかし、現代の日本の状況を考えた時、18歳の時点で自己確立が成し遂げられる青年はおそらく稀《まれ》でしょう。高校卒業後、すぐに就職するのは少数派で、8割の人は大学、短大、専門学校などに進みます。多くの青年たちにとって18歳は自己確立どころか、まだ自己研鑽の真っ只中であるわけです。大学などに進学した人たちの多くが就職するのは20代前半で、思春期は実質的にそこまで延長されることが多いのです。

こうした自己確立の過程にある思春期の延長期間を、心理学や精神医学の用語では「モラトリアム」と呼んでいます。「モラトリアム」はもともと経済学の用語で「支払い猶予」を意味していますが、大人になるのを猶予されているという意味合いで用いられています。この「モラトリアム」の期間を考慮して、心理学や精神医学の専門家の間では25歳くらいまでを「青年期」と名づけ、「成人期」とわけて扱っています。

ただし、「モラトリアム」の期間を過ぎてからも「自分探し」を続け、自分が何者かを決められないために自分の居場所を見つけることができず、社会にうまく適応できない状態が続いてしまう人たちがいます。「近頃の若者はすぐに仕事を辞めてしまう」などと言われますが、実は、1980年代からそういう人たちが少なからずいることが知られており、ベルギー出身の劇作家モーリス・メーテルリンク（1862～1949年）の童話「青い鳥」になぞらえて「青い鳥症候群」とも呼ばれていました。

「第2次反抗期」と第2次性徴

思春期の時期は同時に「第2次反抗期」の時期でもあります。2～3歳の「第1次反抗期」は身体的な発達が大きく影響していると紹介しましたが、「第2次反抗期」においては第2次性徴という身体的な発達が大きな影響を与えます。

第2次性徴は、男性が男性らしい身体に、女性が女性らしい身体に変化していくという見た目の変化と同時に、両性が生殖能力も獲得していきます。第2次性徴が進んでいく過程で、これまでの中性的な子どものふるまいや役割から、男性あるいは女性の行動様式に分化していくことで、それまでの自己認識や集団の中でのふるまいが変わっていきます。ちなみに、産婦人科領域では第2次性徴の開始から終了までの時期を思春期と定義しています。

このことは、子どもたちに行動面で新たな可能性をもたらします。恋愛はその最たるものでしょう。とくに男性は身体が大きくなり、筋肉もつきやすくなるため、運動能力が大きく向上し、第2次性徴以前と比べて実際にうまくできることが多くなります。そのために第2次性徴は、男性においてよりはっきりと「なにかができる」という気持ちを起こさせやすくします。

女性では、女性らしい身体的な変化によってファッションやメイクなどが映えやすくなり、そこから「なにかができる」という気持ちが強まります。自分の女性性を肯定的にとらえられれば、「反抗期」を促進する要因になります。

一方で、女性の場合、中学生頃には小学校高学年でいったん上回っていた運動能力を男性に逆転され、しかも社会的に男性で肯定的にとらえられるような積極性や活発さが評価されなくなっていくこともあり、第2次性徴が「反抗期」を必ずしも促進する要因にならない場合もあります。

アスリート、なかでも陸上競技や審美系の競技（新体操、フィギュアスケートなど）の選手では、女性らしい身体的な変化が不利になるため、あえて女性らしい身体的変化を起こさないように食事を制限して第2次性徴を止めることもあり、そこから摂食障害を発症するケースも見られます。

男女によって少し違いはありますが、このような第2次性徴による身体的変化は、「第1次反抗期」の時と同様に、子どもたちの能力を高めることでなにかをやってみようという傾向を強化し、「反抗期」を促進する要因となります。

社会的な広がりと「中二病」

思春期が「反抗期」となるのは身体的な発達によるものだけではなく、社会的な広がりもまた大きな要因です。小学生までは親や教師の指示によって行動することが多いのに対し、中学生になると自分自身の選択や判断で自主的に行動する場面が多くなり、実際にそうすることを周囲からも要求されるようになります。中学校や高校における部活動や生徒会活動はその典型で、そこに入るかどうか、そこでなにをするのかの判断の多くが子どもに委ねられることになります。さらに中学受験、高校受験の進路選択では、自分自身の今後の所属先さえも自分自身で選択しなければなりません。

こうした親や教師に直接的に依存しない社会的な役割の拡大や居場所の獲得、そしてそこでの人との出会いや経験が子どもたちの行動面における可能性を広げていきます。

思春期における「なにかをやってみよう」という思いは、しばしば「なんでもできる」にまで発展します。この状態は「自我が肥大する」とも言いますが、こうした誇大性が顕著に表れるのが俗に「中二病」と言われる状態です。「中二病」はもちろん病気でもなんでもなく、思春期の子どもに見られる「気の迷い」のようなものであり、自分に特別な能力や役割があると空想してみたり、実際にそのようにふるまってみたりするのです。思春期の子どもが、「邪悪な気配がする」「自分には大事な使命がある」などと言っていたり、突然、呪文や必殺技の名前を叫んでいたりしても、温かく見守ってあげてください。

実は、こうした思春期の誇大的な傾向は、自己確立のための経験を積みあげていくために非常に重要で、誇大的な傾向によるよい意味での「向こう見ず」が、大人であれば尻込みするような不確定かつ困難な状況にも立ち向かう力を与え、自己確立のための道なき道を進めてくれるのです。

「向こう見ず」は成功を生み出す一方で、多くの失敗や挫折も生み出します。失敗や挫折の経験を乗り越えていくことで心を強くしていくことも重要ですが、自己確立の過程においてさらに重要なのは、失敗したものを捨てることで可能性の幅を絞り込んでいくことです。自分にとってできることを選び、できないこと捨てることによって自身の可能性を選別し、将来を具体化させていくのです。

「反抗期」の子どもは暴力的なのか

一般に「反抗期」という言葉でイメージする状態は、「イライラして暴力的になり、言うことを聞かなくなる」というものだと思いますが、実はこうした「反抗期」のイメージは必ずしも正しくはありません。「反抗期」と暴力や攻撃性は直接結びつくものではないのです。「反抗期」の本質は「なにかをやってみよう」という思いであり、自立欲求としてとらえるべきものであることを説明してきました。「反抗期」であっても、とくに自分がやりたいと思うことを制限されることがなければ「反抗」する必要がないわけで、もし暴力や攻撃性が強く出ているのだとすれば、親や周囲の大人たちが本人のやりたいことに対して干渉しすぎているからととらえるべきなのです。

子どもたちが大人に対して「うざい」という言葉をよく使いますが、これこそが「反抗期」における子どもたちの心理を的確に表している言葉なのだと思います。

思春期における〈自己〉と〈自我〉の相克

ところで、子どもは自己確立に向けて進んでいく中で、自分という存在の持つ二面性、客

表① 〈自己〉と〈自我〉

〈自己〉	〈自我〉
客観的な自分	主観的な自分
周囲が定義している（と自分が思っている）自分	自分が定義している自分
（自分が思っている）周りからどう見られているかによって決められる自分	自分が自分をどう思っているかによって決められる自分
建前としての自分	本音の自分
周囲の期待に合わせた自分	本当の自分
こうあるべき自分	こうありたい自分

観的な自分と主観的な自分に悩まされることになります。

一つ目の客観的な自分とは「周囲が定義している自分」、あるいは「周りからどう見られているかによって決められる自分」と言い換えることができます。ただし、実際に周りからどう見られているかを自分で正確に把握することはできないので、より正確には、「周囲から定義されている（と自分が思っている）自分」、あるいは「（自分が思っている）周りからどう見られているかによって決められる自分」です。

二つ目の主観的な自分についても同様に言い換えれば、「自分が定義している自分」、あるいは「自分が自分をどう思っているかによって決められる自分」ということができます。

表①を見てください。〈自己〉も〈自我〉も実際にはさまざまな意味合いで用いられることがありますが、この本では、一つ目の客観的な自分を〈自己〉、二つ目の主観的な自分を〈自我〉と呼んでいます。

私たちは「本音と建前」という言葉が示すように、場面や状況による自分の使いわけを当たり前のようにしているので、〈自己〉と〈自我〉の違いをあまり意識することはありませんが、思春期の子どもたちは、〈自己〉(他者からどう見られているか)と、〈自我〉(自分が自分をどう思っているか)の違いに大変敏感です。

診察の中で思春期の子どもたちから聞く実際の言葉と照らし合わせると、〈自己〉は「周囲の期待に合わせた自分」、〈自我〉は「本当の自分」といったところでしょうか。あるいは、〈自己〉を「こうあるべき自分」、〈自我〉を「こうありたい自分」と表現してもいいかもしれません。

多くの子どもたちにとって「周囲の期待に合わせた自分」(〈自己〉)によって「本当の自分」(〈自我〉)を出せなくなることは苦痛で、大人のように場面や状況によって自分を使いわけるのはとてもずるく、あるいは汚く見えています。

大人が場面や状況によって自分を使いわけられるのは、〈自己〉と〈自我〉がすりあわされて、それら全体を「自分」として見ることができるからで、思春期は〈自己〉と〈自我〉のすりあわせをおこなう時期と言い換えてもよいのかもしれません。

〈自己〉と〈自我〉がすりあわされるまでは、〈自己〉と〈自我〉の不一致がどうしても起きてきます。とくに、子ども時代は経験の蓄積が少ないため、成功や失敗の一つひとつの経験によって〈自己〉と〈自我〉の強弱がその都度激しく揺らぎます。〈自己〉は周囲からよい評価を受ければ強まり、周囲から悪い評価を受ければ弱まります。そして〈自己〉が強まれば周囲に合わせようという気持ちが強まり、弱まれば周囲に合わせようという気持ちが弱まります。

一方、〈自我〉は自発的にやったことがうまくいけば強まり、失敗すれば弱まります。そして〈自我〉が強まれば行動が積極的になり、〈自我〉が弱まれば行動が消極的となります。こうした〈自己〉と〈自我〉の強弱の目まぐるしい変化、相克こそが、思春期の特徴ともいえる情緒的な不安定さの本質なのです。

〈自己〉と〈自我〉の強弱も程度が過ぎると心理的な問題を引き起こします。

一つ目の〈自己〉が強くなりすぎると、周囲の目を意識しすぎて周囲の状況や人に合わせすぎてしまいます。こうした状態を「過剰適応」と呼んでおり、一見うまくいっているようですが、自分を抑えすぎてしまうためにストレスをためやすくなります。逆に〈自己〉が弱くなりすぎると、周囲に合わせようという感覚が弱まり共感性も乏しくなるため、反抗や反社会性が強まります。

二つ目の〈自我〉が強くなりすぎると、誇大的で自信過剰となり、弱くなりすぎると自信が乏しくなります。

実際にはしばしば強すぎる〈自己〉と弱すぎる〈自我〉、弱すぎる〈自己〉と強すぎる〈自我〉がそれぞれ組み合わされて現れますが、最近の子どもたちの多くは、強すぎる〈自己〉と弱すぎる〈自我〉の組み合わせ、すなわち「過剰適応で自信が乏しいという状態」が非常に多いという印象を持っています。このことについては改めて説明したいと思います（63ページ参照）。
特殊な場合ですが、弱すぎる〈自己〉と弱すぎる〈自我〉という組み合わせが現れることがあります。この組み合わせは、幼少期からの逆境的な家庭環境と関連が深いと考えられている愛着障害や素行症（素行障害、一般的な言い方では「非行」）でよく見られ、周囲から自分が受け入れられないという経験が積み重なった結果として、他者を信頼できないため、他者に合わせようとせず（弱すぎる〈自己〉）、自分を肯定的にも見られない（弱すぎる〈自我〉）という状態になります。

たとえば、愛着障害の子どもでは、自分を受け入れてもらえるかどうかを試すかのように、わざと人の気を引くよう奇抜な行動や迷惑な行動を取り続けます。周囲の人に合わせられないので、結果として自分が思ったように人とかかわることはできず、簡単にかんしゃくを起こし、周囲の人への暴力や自傷行為に至ることがしばしば見られます。また、素行症のケースでは、そもそも周囲の人が自分を受け入れてくれないと感じていますので、他者から少しでも否定的な反応が返ってくると、簡単に攻撃性や暴力で対応してしまいます。

愛着障害にしても素行症にしても、「自分は周囲の人に受け入れてもらえるだけの価値がない」という、自己否定的な信念に裏づけられた人間不信が強いため、支援する際、信頼関係を築いていくことが非常にむずかしいのですが、一方でそれこそが回復へのカギになります。奇抜な行動や暴力によって振り回そうとしてきても、支援者はそれに揺らがず、人間関係における安心感を与え続ける必要があります。そうしてつくられた信頼関係の上に子どもの〈自己〉〈自我〉を強めていくことを目指していきます。

自己確立にはロールモデルの存在が重要

思春期においては、前思春期の仲間関係を通じて芽生えた〈自己〉が、身体的・社会的能力の向上によって強まった〈自我〉との間で折り合いがつかなくなることがありますが、さまざまな経験を通じて〈自己〉と〈自我〉がそれぞれ成長していき、その過程で両者がすりあわされ、自己確立がなされていきます。その過程で起こってくるのが、「思春期の心の問題」と考えることができます。

〈自己〉を成長させるものは、実際に周囲から認められているという客観的な証拠です。たとえば、仲間関係や友人関係での肯定的な評価、学校の成績、社会的役割や肩書といったものがそれにあたります。

一方で、〈自我〉を成長させるものは、身体的・社会的能力の向上ですが、加えて夢や憧れも〈自我〉の成長に大きな役割を果たします。将来の自分のイメージが今の自分を補強してくれると言ってもいいでしょう。その点において、思春期には自分の将来像につながるような「ロールモデル」と出会うことが非常に重要になります。

実際、思春期の子どもたちが芸能人やスポーツ選手に憧れて、その人たちの行動や容姿を積極的にまねようとするのはよく見られることです。どんなことでも無から有をつくり出すことはとてもむずかしいことです。子どもが大人になるにあたっても、身近に、あるいは社会的に承認されたよいモデルがあることがとても重要なのです。

その点において周囲でかかわる大人の役割は非常に重要で、私たち大人も子どもたちにとってよいモデルとなる努力を重ねたいものです。

思春期におけるつまずきと不登校

思春期と不登校との関連に話を戻しましょう。

不登校の多くが思春期に始まる一番の要因は、「自己確立のつまずき」と「自己確立からの逃避」です。前思春期から思春期にかけて、他者からの視点としての自分である〈自己〉が強まることを紹介しましたが、この時期は他者からどう見られるかに大変過敏な時期です。

たとえば、小学校までは人に声をかけるのも、人前で発表するのも積極的だった子どもが、中学校に入った途端にそうしたことが異常に恥ずかしくなる、友だちからどう思われるかが気になって、自己主張ができず、なんでも合わせてしまう、といったことは、対人過敏性の表れとして診療場面でもよく聞くエピソードです。他者からの視点としての自分を意識したがために起こってくる現象です。

こうした対人過敏性を基盤として、そこになんらかのつまずきが重なることで〈自己〉や〈自我〉が大きく揺らぎ、自己確立の道筋をうまく進められなくなることがあります。その際に見られるのが自己確立からの現実逃避であり、これが不登校の引き金になります。

ちょっとつまずいたくらいで、現実逃避になるなんて、思春期の子どもたちはなんと気持ちが弱いことか、と思われるかもしれませんが、彼らは進路選択をはじめとした人生を左右するさまざまな選択をわずか6年ほどの間にくり返しておこなわなければならないのです。大人に比べると知識も経験も乏しいわけで、人生において思春期ほど不確実性が大きく、ストレスのかかる時期はありません。

たとえば、40歳の人であっても、これからの6年間でまったく新しい人間関係の中で、なにか新しいことを成功させろと言われたら、大抵は途方に暮れてしまうでしょう。近年はリストラなどで実際にそのようなことが珍しくなくなっており、多くの大人たちがそうした状況に苦しんでいます。そのように考えれば、不登校を気持ちの弱さとして切り捨ててしまうのは子どもたちにあまりに気の毒だと思います。

それでは、どのような事柄が不登校のきっかけとなりやすいのでしょうか。第2章で不登校のきっかけとなりうる要因について説明をしていきたいと思います。

第2章　不登校の背景

不登校のきっかけの1番はいじめじゃない

次ページの表②を見てください。文部科学省が不登校者数と共に不登校のきっかけを報告しています。かなり多くの人が、不登校の原因としていじめの問題が大きいと思っているようですが、実際の調査結果を見ると、まったくの誤った認識であることがわかります。

表②には不登校のきっかけについて小学生、中学生、高校生にわけて上位5項目があげられていますが、中学生で小学生よりも不登校のきっかけとしての割合が大きくなり、かつ順位が高くなっている項目は「いじめを除く友人関係をめぐる問題」だけです。

中学生の不登校に影響を与えているのは、「いじめを除く友人関係をめぐる問題」で、この事実こそが思春期における不登校の問題に対人過敏性の強まりが強く影響していることを示唆しています。

表②　不登校の要因（2018年度）

小学生	中学生	高校生
家庭に係る状況（2万4901人、55.5%）	不安（3万8766人、32.4%）	無気力（1万7359人、32.9%）
不安（1万6088人、35.9%）	家庭に係る状況（3万7040人、30.9%）	不安（1万2282人、23.3%）
無気力（1万1944人、26.6%）	いじめを除く友人関係をめぐる問題（3万5995人、30.1%）	学業の不振（9436人、17.9%）
いじめを除く友人関係をめぐる問題（9740人、21.7%）	無気力（3万5925人、30%）	いじめを除く友人関係をめぐる問題（9224人、17.5%）
学業の不振（6795人、15.2%）	学業の不振（2万8687人、24%）	家庭に係る状況（8084人、15.3%）
……	……	……
いじめ（359人、0.8%）	いじめ（678人、0.6%）	いじめ（208人、0.4%）

注）複数回答、%は各区分の不登校児童生徒数に対する割合

文部科学省初等中等教育局児童生徒課（2019）「平成30年度児童生徒の問題行動・不登校等生徒指導上の諸課題に関する調査結果について」より作成

ちなみに順位の変化はありませんが、中学生において小学生よりも不登校のきっかけとしての割合が大きくなる項目が「学業の不振」です。「学業の不振」は高校生になると中学生と比べてその割合こそ小さくなりますが、順位は3位に上昇します。

言うまでもなく、学校は勉強をするところですから、勉強のできなさは確かに学校への行きにくさにつながり、とくに留年の可能性も出てくる高校生では大きく影響することは容易に想像できます。

ただ、見逃されがちですが、おそらく「学業の不振」にも思

春期特有の対人過敏性の問題が大きく影響していると思われます。人からどう見られるかという意識が過敏になっている子どもにとって、自分が人よりもできないという意識は、かなりの不安や苦痛を生み出すからです。「学業の不振」には単に客観的な勉強のできなさだけでなく、他者との比較における主観的な自己評価も含まれている可能性があるのです。

不登校に対する家庭環境の影響

年代によって特徴的な変化を示しているのが、不登校のきっかけとしての「家庭に係る状況」です。「家庭に係る状況」は小学生においてもっとも強く影響し、中学生、高校生と年齢があがるにしたがって影響度が下がっていきます。

あらためて、図⑤の子どもの心の発達の基本的なパターンを見てください（20ページ参照）。子どもの心の発達の基本的なパターンは、母親への接近と分離をくり返しながら成長していくというもので、それが外で気を張って家で気を抜くという行動パターンに形を変えながら、生涯にわたり続いていきます。

子どもが家で気を抜けない状況になった場合、子どもは疲れた気持ちを回復させることができなくなり、外でがんばる気力が弱くなってしまいます。年齢が低いほど社会的能力や問題への対処力が弱く、その分母親への依存度も大きくなり、家で気を抜けないことの影響が強く現れてきます。

家で気を抜けない状況というと、虐待や両親の不仲などによる子どもに対する侵襲的な状況を想像しますが、親に精神的な余裕がなく子どもの甘えを受け止めきれない状況でもしばしば生じます。

子どもに不安定さが生じ始めると、親に対してより強く甘えを要求するようになり、余裕のない親はそれらに対処することがさらにむずかしくなります。その結果、一層子どもの不安定さが増加するという悪循環に陥りやすくなります。それが学校への行きづらさの原因にもなっていきます。

ときどき見られるのが、父親の単身赴任をきっかけに子どもの不登校が始まるケースです。父親の単身赴任によって母親の負担度があがり、母親の余裕がなくなることで子どもが母親に甘えにくくなり、学校でがんばりが利かなくなるのだと考えられます。もちろんこのようなケースでは、単身赴任が問題のすべてではなく、子どもが母親に甘えを強く向けなければならないような、学校におけるなんらかの不適応さがあることが想定され、支援者はその不適応の原因を見つけていく必要があります（44ページ表②参照）。

しかし、思春期以降になってくると、子どもの社会的能力や問題への対処力もじょじょに強まり、母親への依存度も低下していくので、それに比例して家庭の影響は受けにくくなっていきます。

日本において、もともと親は育児をしていなかった

親に余裕がなければ不登校になるというのであれば、太平洋戦争直後で日本中が貧しかった昭和20年代や30年代頃にこそ不登校が多くなければおかしいと思われるかもしれません。実際にはその時期に日本において不登校の問題はそこまで大きくは認められていませんでした。その理由についてはあくまで推測ですが、社会の変化にともなう日本の育児スタイルの一大変化が関係していると考えられます。

日本において、もともと親は育児をしていなかった、と言ったらみなさんは驚かれるでしょうか。正確に言うと日本に限らず、人類史全体を考えても育児の主体が親でないことの方がふつうと言った方がよいでしょう。「なにをバカなことを」と感じるかもしれませんが、実は人類の育児の標準は、家族を含めた地域コミュニティによる集団育児なのです。人類史における育児の形態に言及するのは、本書の本論から外れるので、成書を参考にしてください。

さて、日本の社会では、太平洋戦争の終戦から間もない１９４７年（昭和22年）を考えてみると、この当時の合計特殊出生率は４・５４でした。つまり、家庭に４、５人の子どもがいるのがふつうであったわけです。

今でも、家庭でこの人数の子どもを育てることは大変だと思いますが、当時、学校や幼稚園・保育園も十分に整備されておらず、育児の公的な支援が今以上に望めない状況でした。親になる世代は働き盛りで、労働の主力でもあるわけで、とくに当時多数を占めていた第一次産業の農業や漁業に従事している世帯や自営業の世帯は、父親だけでなく母親も労働に従事するのがふつうでした。

しかし、育児世代が何年もの間、労働に従事しなかったら、社会が回らなくなってしまいます。近代化以前の親たちの多くは、労働のためによくも悪くも子どもを放ったらかしにせざるを得なかったのです。ただし、親が育児にかかわれない分、きょうだい（とくに年長の女児）や祖父母、おじさんやおばさん、さらには地域の大人や異年齢の子どもの集団などが育児を担っていたわけです。

ところが日本で近代化が進んだ1955年以降、都市部への人口流入、農村部の過疎化が進行するのと並行して、核家族化と地域コミュニティの崩壊が起こります。さらに日本では、マスコミも巻き込んだ産児制限の推奨などの人口抑制政策によって、少子化が進むことになります。今となっては信じがたいことですが、1970年代までの政府や識者たちは、国土の狭さからすると日本の人口は多すぎると考えていたのです。そして、少子化の進行によって2010年の1億2806万人をピークに日本の人口は実際に減少に転じています。

核家族化・少子化によって、これまで育児を担っていたきょうだいや祖父母、おじさん・

おばさんが家庭から姿を消し、さらには地域コミュニティの崩壊によって地域の人びととのつながりも断たれた結果、親が育児を単独でせざるを得ない状況ができてしまったのです。

ただし、近代化による産業構造の変化によってサラリーマンと専業主婦という夫婦の組み合わせも一般化し、さらには電化されて家事負担が軽減されたことや、世帯の子どもの人数が減ったこと（昭和30年代〜40年代の合計特殊出生率はおおむね2・0、すなわち1家庭に2人の子どもが標準）もあり、母親が専業主婦として育児に専念するという状況も同時に生まれました。

そのため、親が育児を単独でせざるを得ないという、ある種異常な状況が出現しましたが、当時、少数派であった夫婦共働きの家庭で、夜まで子どもだけで留守番するいわゆる「鍵《かぎ》っ子」の問題を除けば、多数派だった専業主婦のがんばりによって、少なくとも表面的には、親が単独で育児を担っているという状況が大きな問題としてとらえられることはありませんでした。

近代化が子どもたちから奪ったもの

次ページの図⑥を見てください。1955年以降に進んだ近代化によって子どもたちが受けた影響を図にしたものです。

図⑥　近代化と不登校の関連

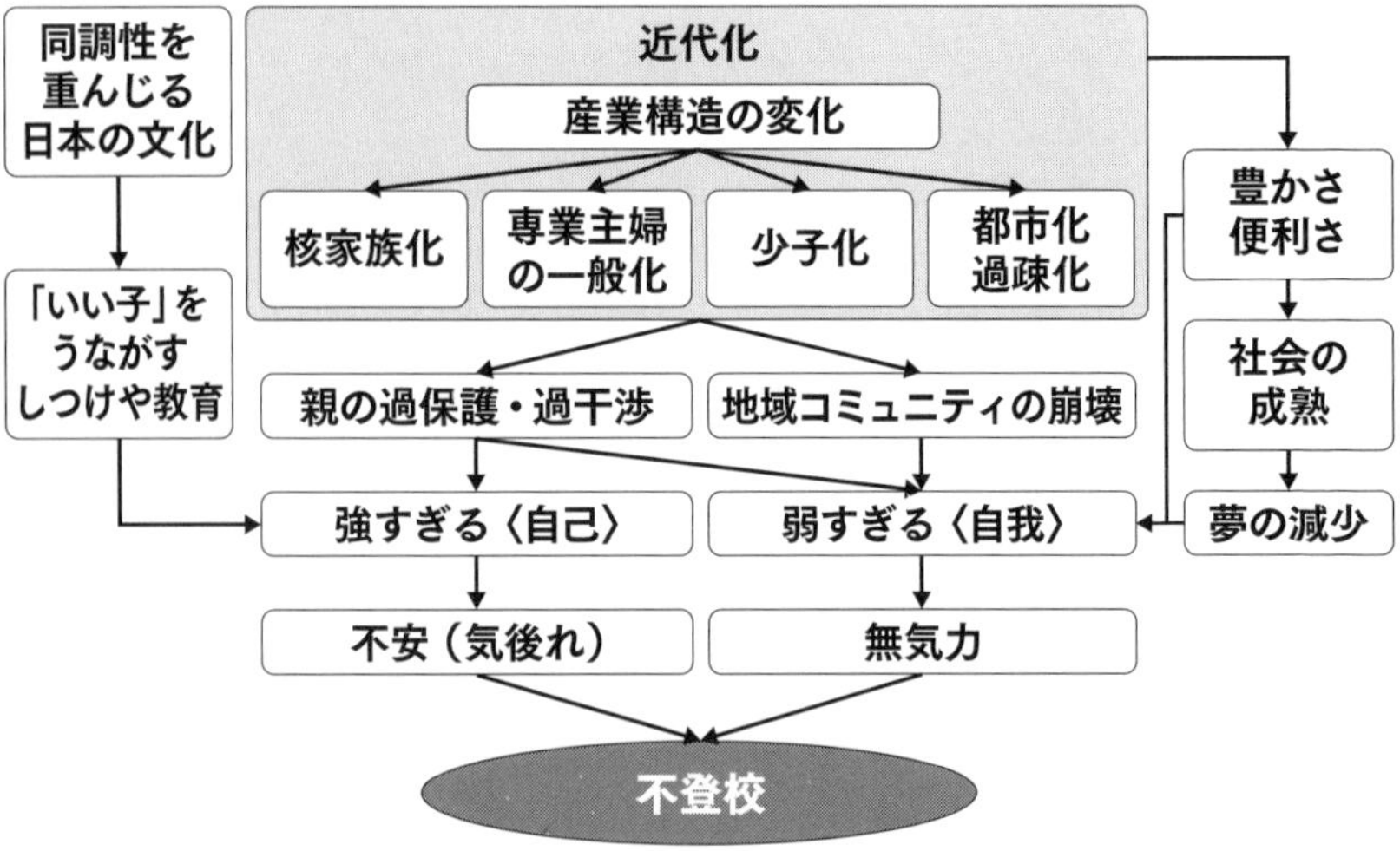

親単独の育児は、親側から見ると育児負担の増加ですが、子ども側から見ると親の過保護・過干渉として現れてきました。近代化以前は、幼児期の子どもであってもある程度地域コミュニティという緩い枠の中で、年長の子どもたちの中に入って自由に行動していました。ところが育児が家族の役割として囲い込まれ、非社会化してしまうと、子どもが地域コミュニティの中で自由に過ごすことができなくなりました。親側からすれば自分にとってなじみのない地域コミュニティの人たちに子どもを任せることは安全性の観点から到底できることではありません。

一方、地域コミュニティ側からすれば、かつての育児機能が失われている状況において、コミュニティに属していない他者である子どもの逸脱的行動は受け入れがたいものになります。最近では、子どもの声が騒音であるという主張から幼稚園や保育園の建設が見直されたり、他の利用者にとって危険だからと公園での子どもの遊びが制限されたり、といった報道をときどき目にすることがあります。このようなことが起きるのも、子どもを他者とみなす地域コミュニティの感覚に起因することです。

さらに、地域コミュニティで子どもが支えられることはない、という前提の中では、親が子どもを管理していないこと＝育児放棄（ネグレクト）というプレッシャーが親にかかります。たとえば、夜に子どもが外で遊んでいる状況を考えた場合、地域コミュニティの育児機能が健在であれば、その子どもを見た近所の大人が家に帰るよう促すのでしょうが、現状を考えると近所の大人から警察や児童相談所に連絡をされかねません。結果として、親は子どもに対しての管理を強め、過保護・過干渉にならざるを得なくなるのです。

公園に行くと遊んでいる子どもの数と同じくらい、多くの親たちがそこにいます。子どもは遊ぶ場所も遊ぶ相手も親に管理され、さらには遊んでいる間でさえもずっと親が監視している状況で、ちょっとしたはみだしも許されません。もしそこでトラブルが起きようものなら、親が飛んできて親同士のやり取りで解決にあたるのです。こうした状況は幼児期だけでなく、児童期を通じて継続します。

「公園デビュー」という象徴的な言葉

地域から親に育児の主体が移行したことの歪みを象徴していたのが、1994年頃から使われ始めた「公園デビュー」という言葉です。「公園デビュー」というのは、子どもが外遊びをするようになるころに、母親が近所の公園に子どもを連れて行き、そこで初めて近所の母親たちと交流を持つことですが、この「公園デビュー」で注目されたのが、母親が子どもを介することで初めて地域と交流を持つということ、すなわち多くの母親がそもそも地域コミュニティに所属していないという状況でした。

近代化前の日本であれば、子どもが生まれるなり地域の人たちがあれこれ手伝いに来たりいろいろ助言してくれていたりして、わざわざ「公園デビュー」をしなくても自然と地域コミュニティの中で育児が進んでいたはずなのです。

「公園デビュー」という言葉に象徴される、親にとって子どもが地域コミュニティとの唯一の接点であるという状況は、親（とくに育児を主に担当する母親）からしてみると、育児によって自分が周囲から評価されている感覚を強めることにもなり、そうしたプレッシャーが親の育児へのがんばりをより強めることにもつながったと考えられます。

その結果、育児が子どもを育てるという本来の目的から離れ、育児行為の自己目的化、すなわち育児行為をうまくやること自体が親の目的となっていきます。親の過剰なまでの学校行事への参加やモンスターペアレントの問題はこうした親の気持ちの表れと言えるのではないでしょうか。

ただし、専業主婦が単独で育児に対応するという状況も長くは続きませんでした。「独立行政法人労働政策研究・研修機構」が、専業主婦世帯数と共働き世帯数の推移を公表していますが、それによると、1980年（昭和55年）時点では専業主婦世帯が1114万世帯に対し、共働き世帯が614万世帯と1・8倍も専業主婦世帯が多かったのですが、1990年頃から両者の数がほぼ拮抗するようになります。1997年（平成9年）には共働き世帯が多数になり、2019年時点では専業主婦世帯が575万世帯に対し、共働き世帯が1245万世帯と2・2倍近くになっています。

1990年代というのはバブル経済が崩壊し、不況下でのリストラや就職難などが顕在化していく時期で、こうした社会情勢を背景に専業主婦が減少し、夫婦共働きが一般化していきます。もはや多くの母親にとって、単独で育児に専念することは極めて困難な事態になってしまいました。近年では「イクメン」という言葉に代表されるように積極的に育児にかかわる父親も一部で現れているものの、「孤育て」や「ワンオペ育児」という言葉に象徴されるように、地域の支えのない育児が親にとって大きな負担になってしまっているのです。

おそらくかつてのような集団育児の状況であれば、母親への接近と分離をくり返す形の子どもの心の発達についても、ある程度早期の段階で母親以外の他者との「愛着」が形成されるために、その関係性が「親の不在」をカバーしていたと考えています。しかし、親単独の育児では、親の育児行為がより直接的に子どもの育ちに影響し、結果として家庭の問題が不登校にも影響しやすくなったと考えられるのです。

子育て環境の変遷の経緯、愛着形成の困難さの問題は、ひとまずここまでにして、不登校の子どもの心理に目を向けていきたいと思います。

不登校に関係する気質による社交不安

文部科学省が公表している不登校のきっかけで、すべての年代で上位にあがるのが「不安」と「無気力」です。ただ、この2項目は不登校のきっかけというよりも不登校の心理そのものを表しているものです。まず、不安について説明しましょう。不登校と関連する不安については大きくわけて2種類あります。

一つ目は、もともとの気質によるものです。

生まれ持った気質としての内気さや心配性さが強い人は、対人関係場面において社交不安を感じやすくなります。社交不安とは人とかかわることで生じる不安のことで、社会恐怖、対人恐怖とも呼ばれます。気質という言葉を使いましたが、ここには発達障害の特性も含まれ、とくに対人関係の苦手さを特徴としている自閉スペクトラム症では、社交不安の傾向がとくに強く認められます。

軽度の社交不安は大抵の人が持っていて、初めて会う人に対して緊張するとか、人前で話すときに緊張するというのがまさにそれです。ただ、社交不安の程度が強くなると、人とかかわろうとすると固まってしまったり、パニックになってしまったりすることもあります。また、数人単位の少人数であると大丈夫だけれど、学級のような大人数になってしまうとその中に入れなくなるということもあります。

いずれにしても社交不安が強い人にとって、学校という集団活動の場が負担になることは確かで、それが不登校に大きく影響しうるのです。気質による社交不安が影響した不登校は他の要因による不登校と比べて早い時期から出現し、小学校入学前の保育園・幼稚園の時期から登園困難という形で始まることも多く見られます。

たとえば、母親が子どもを保育園・幼稚園に送っていって、いざ園の入り口で別れる時になると大泣きして離れられなくなるというのが典型的です。このように親から離れる時に感じる不安を「分離不安」と呼びますが、これがそのまま小学校でも認められることがあり、その場合、母親がそのままつき添った状態で授業を受けるという形で対応しているケースもしばしばあります。

気質による社交不安は、「選択性緘黙《かんもく》（場面緘黙）」という状態像を呈することがあります。

選択性緘黙とは、家ではまったく問題なく話せるのに、外での対人関係場面になると途端に話せなくなってしまう状態を言います。単に話せないだけでなく、表情の表出さえできなくなってしまうことがほとんどです。選択性緘黙の場合、話すことを強要されなければ完全に不登校となってしまうことは少ないのですが、集団活動に参加できない場合や、通常級での対応が困難になり、特別支援学級での対応となる場合がしばしば見られます。

気質による社交不安の克服には、本人が社会的経験を積み、対人関係スキルを高めていくことが必要です。しかし、生まれ持った気質そのものは消えることがなく、加えて不登校が早期から始まってしまえば、それだけ社会的経験を積み対人関係スキルを高めるための機会も少なくなるため、実際には社交不安の克服がなかなか進まないことが多いのです。そのため、気質による社交不安が影響した不登校は他の不登校と比べても回復に時間がかかりやすいのです。

発達障害がある子どもは、気質による不安以外にも周囲への合わせられなさ、かんしゃく、学習の遅れなど、発達障害特性に起因する適応上の困難さが生じやすく、こうした不適応さが不登校のきっかけとなることも少なくありません。発達障害の子どもに対しては、それぞれの特性に合わせた対応によって適応性を向上させることが重要であり、特別支援教育が不登校対策として果たす役割が大きいと考えられます。

思春期の対人過敏性による不安

二つ目は、思春期の対人過敏性による不安、一言で言えば、「気後れ」です。前思春期から思春期にかけて、他者から自分がどう見られるかという意識が強まっていきます。ましてや現代の子どもは、周囲から定義される自分である〈自己〉（36ページ参照）が強すぎることがしばしば見られます。

こうした対人過敏性が強い状態の子どもに、なんらかのつまずきが生じると、自分のうまくいかなさに対して「自分が周囲よりも劣っている」と感じることでの「気後れ」の感覚が生じることがあります。つまずきのきっかけは、人間関係の問題であったり、学習の問題であったりさまざまですが、実際にはそれ自体に大した意味はありません。問題はあくまでつまずきによって刺激された「自分が周囲よりも劣っている」のではないかという潜在的な不安なのです。

「気後れ」が強まっていくと、「自分がそのように思うのだから周囲の人たちも自分が劣っていると思うに違いない」という疑心暗鬼になっていきます。周囲の人たちに対する疑心暗鬼が社交不安となり、さらに疑心暗鬼が進むと、「みんなが自分を見ている」「みんなが自分をダメだと思っている」などの妄想的な思考にまで発展する場合さえあり、そこまで行くとほとんど家から出られなくなります。こうした「気後れ」こそが不登校と呼んでいる状態の本質的な心理だと私は考えています。

ここで注意が必要なのは、「気後れ」はあくまで主観の問題であって、実際に他の人たちと比べてできていないかどうかとは無関係ということです。「隣の芝生は青く見える」という言葉がありますが、思春期における対人過敏性の強い時期はそのような感覚が強くなり、周囲の人たちと比較する気持ちが強くなります。

周りの目を意識する、比較するというのは、周りに合わせなければいけないという同調性からくる感覚で、その背後には「みんながやっていることが正しい」という（ある意味極めて日本人的な）暗黙の共通認識があるのです。周りがよく見えてしまう心理的メカニズムに陥ると、自分のよくない要素がことさら強く意識されるようになります。

成績がトップの子どもでも、不登校になってしまうと、実際には学習面ではクラスメイトより優れていても、自分の中のできない要素を探し出して「気後れ」を感じるようになるのです。

こうした「気後れ」にともなう社交不安は、多くの場合、初期の段階では対象がクラスメイトに局限されるという特徴があります。まずは、かかわりのうすいクラスメイトに対する社交不安が現れます。「自分が周囲よりも劣っている」というときの「周囲」はクラスメイトですが、親しい友人はある程度気心が知れているので疑心暗鬼が生じにくい一方で、かかわりのうすいクラスメイトに対しては自分のことをどう思っているか想像がつきにくいので、疑心暗鬼が生じやすいのです。

だから、不登校の初期段階では、学校に行けなくなる前にクラスに入りにくくなるという状態が現れます。その後でクラスに入れない、勉強についていけないなどのうまくいかない状況が続けば、「自分が周囲よりも劣っている」という思いが強くなるため、社交不安の対象もクラスメイトから同年代、さらにはすべての人へと広がっていき、極限まで強まると親しい友人にさえ疑心暗鬼が生じるようになります。

不安が身体症状として現れる起立性調節障害と強迫症状

不登校の子どもに、「学校に行くのが不安かどうか」を尋ねても、はっきり不安だとは言わないことがしばしばあります。自分の心の動きを把握して、言葉で表現する力が弱いために、実際、自分自身でも不安なのかどうかがわからないことが多いのです。自分の心を把握できないからといって、不安がないわけではなく、その不安は別の形で表現されます。

もっとも多いのが、不安が身体症状によって表現される場合です。腹痛、頭痛、嘔気などさまざまな症状が現れ、単一の症状を呈する場合もあれば、複数の症状を呈する場合もあります。不安による身体症状の特徴は登校など、不安を感じるであろう直前に症状が強まることです。

こうした身体症状は小児科などで検査をしても、とくに原因となる病気が見つからないことが多いのですが、検査しても原因が見つからないからといって、不安が原因で生じる身体症状が「気のせい」であるわけではありません。これらの身体症状の多くは、不安が引き起こす自律神経の乱れによって実際に発生している機能的な異常ですから、本人には自覚症状が現れるのです。

身体症状は、胃腸薬や痛み止めなどを使えばある程度緩和されますが、背景にある不安は消えないので、投薬で完全に治まることはありません。

不登校に関連した身体症状として注目されているのが、起立性調節障害です。起立性調節障害は、自律神経による血圧の調節がうまくいかず、起立時や動作の開始時などに血圧の低下が起こり、立ちくらみや動悸がする状態で、身体的な発育が急速に進む思春期に生じやすい機能的異常の一つだと言われています。

不登校に関連して現れる起立性調節障害は、立ちくらみや動悸というより、主に起床困難や午前中の不調として現れてきます。朝、目は覚めるが起きあがれずにいつまでもベッドでごろごろしていて動き出せない、というのが典型的な訴えです。血圧調節を補助する目的で昇圧剤などが処方されることが多く、それによって症状はある程度緩和されますが、不安が原因で生じる他の身体症状と同様、背景にある不安が改善しない限り完全に治まることはありません。

起立性調節障害が不登校の原因であると言われることが多いのですが、明確に登校に影響が出るような起立性調節障害なら、起立性調節障害が不登校の原因ではなく、不登校の身体症状として起立性調節障害が出現しているととらえるべきです。

不安が、身体症状とは別の形で表現される例としてよく見られるのが強迫症状です。何度も持ちものを確認してカバンへ入れ直すなどの行動は、学校で失敗する（したくない）という不安が背景にあると考えればわかりやすいでしょう。手洗いや入浴をくり返すような不潔恐怖も強迫症状の一種です。子どもの場合、嫌いなものや避けたいものを汚いと感じることが多く、実際に不登校の子どもの場合、学校に関連するものに対する不潔恐怖として症状が現れることが多く見られます。学校から帰って来るとすぐに服を全部脱いでシャワーを浴びる、学校に持って行ったものは自分の部屋には絶対に入れない、といった症状が進行して不登校になっていくケースに診療場面でしばしば出会います。

不登校の心理としての無気力

不登校の心理として、不安と並んで重要なのが、無気力です。不登校であるかどうかにかかわらず、「やりたいことがない」「ほしいものがない」「なりたいものがない」「夢がない」

と話す子どもは珍しくありません。

子どもがよく口にする「面倒くさい」という言葉が象徴的ですが、無気力の一部には、嫌なことや大変なことから逃げる「回避性」が潜んでいます。うまくいかなそうな場面を避けようとする回避性の傾向は、不登校状態の子どもにおいても見られることがあり、とくに勉強面においては顕著に表れます。こうした無気力や回避性は児童期・青年期に留まらず、ニートやフリーター、さらには最近注目されている仕事の時だけ抑うつ状態を呈する「新型うつ病」などに形を変えて、成人以降でも持続的に認められるようになってきています。

こうした無気力や回避性の背景にあるのは、強すぎる〈自己〉と弱すぎる〈自我〉があると私は考えています。

〈自己〉は周囲から定義される自分、つまり周りからどう見られているかによって決められる自分で、〈自我〉は自分が定義している自分、つまり自分が自分をどう思っているかによって決められる自分です（36ページ表①参照）。

最近、強すぎる〈自己〉によって周囲に過剰適応し、弱すぎる〈自我〉によって自信に乏しいというタイプが非常に多くなっています。また、強すぎる〈自己〉は「気後れ」を生み出します。

気後れと回避性で過剰適応する子どもたち

日本では近代化によって親単独の育児が主流となり、親が子どもに対して過保護・過干渉とならざるを得ない状況が生まれてきました。

親に強く管理された子どもは、常に親の意向を気にしながら行動する傾向が強くなるため、主体的に行動してはみ出すことや間違うことを嫌がり、それらに対して強く不安を感じるようになります。これこそが子どもが回避性を身につけるプロセスです。回避性を身につけた子どもは、人の言うことをよく聞き、周りからはみ出さない子どもであり、これが強まれば、強すぎる〈自己〉あるいは過剰適応という特徴が顕著に現れてくるのです。

日本の学校が欧米の学校と比較して、1人の教師が見なければならない生徒数が多いにもかかわらず、欧米の学校と同等かそれ以上の教育成果をあげてきたと言われるのは、日本の社会の中でこうした過剰適応な子どもが量産されてきた「成果」と言ってもよいのかもしれません。

日本ではこうした過剰適応な子どもが目立ちますが、欧米ではあまり一般的ではありません。もちろん欧米でも近代化は進んできましたが、それにもかかわらず必ずしも過剰適応な子どもが増えなかったのは、集団を重視する日本文化と個を重視する欧米文化の違いで、集団を重視する日本の文化が過剰適応な子どもと親和性が高いことを示すものと思われます。

また、子どもに対する教育やしつけの仕方も日本と欧米では異なることが知られています。このことも過剰適応な子どもが増えたことに影響している可能性があります。

日米の教育やしつけの違いを研究した教育心理学者の東洋《あずまひろし》（１９２６〜２０１６年）は、アメリカの教育やしつけが主に「教え込み型」であるのに対して、日本の教育やしつけは主に「滲《し》み込み型」であると定義しています（『日本人のしつけと教育――発達の日米比較にもとづいて』東京大学出版会、１９９４年など）。「教え込み型」とは教える側が教えられる側に対して直接的かつ言語的に物事を伝える方法で、「滲み込み型」とは教える側と教えられる側が一緒に行動する中で物事を自然に（非言語的に）習得させていく方法です。

「教え込み型」に比べて「滲み込み型」では周りを見て周りに合わせる行為やそのための能力、すなわち同調性がより必要となるため、日本の過剰適応な子どもと親和性が高いのかもしれません。

心理学者の榎本博明は、日本の教育やしつけの特徴を「いい子アイデンティティ」の確立を促すことであると指摘しています。悪いことをした子どもに対して「いい子だから」と行動を変えるように諭すのは、日本において一般的に見られる教育やしつけのやり方です。子ども自身が親や周囲の反応からどういう子が「いい子」なのかを判断することを前提にしており、これも「滲み込み型」の教育やしつけの典型です。榎本はこうした教育やしつけが欧米における権威的な教育やしつけとは大きく異なっていることを指摘した上で、その効用をつぎのように述べています。

「（前略）『いい子だね』と言われることで、その期待に応えるべく『いい子でいなければ』と思うようになると同時に、『僕（私）はいい子なんだ』と思うことで、いい子らしく振る舞わなければと思うようになるし、いい子にふさわしくない行動はとりにくくなる。それが規律を自主的に守ることや、とくにほめられたりしなくても人に対して親切な行動をとることにつながる」（榎本博明『ほめると子どもはダメになる』新潮新書、２０１５年）

日本の一般的な教育やしつけが、このような周囲の目を意識した形での「いい子」をつくっているのだとすれば、ここに親の過保護・過干渉が重なることによって親の影響力が強くなれば、子どもが過剰適応的になるのもやむを得ないことでしょう。

幼少期に形成される「いい子アイデンティティ」が過剰になると、子どもの強すぎる〈自己〉を生み出し、さらには「いい子コンプレックス」と呼んでもよいような「いい子」への心理的な執着が生まれてきます。そこになんらかのうまくいかなさの体験が重なると、「いい子」を維持できなくなるために、社会参加に対する不安が生じてきます。これが不登校の本質的な心理である「気後れ」の正体なのです。

実は、親の過保護・過干渉は、子どもを強すぎる〈自己〉（すなわち「いい子」）に誘導するだけでなく、弱すぎる〈自我〉にも誘導してしまいます。

〈自我〉は自分がなにかをできるという感覚によって強化され、自分で決めたことを実際にやってみて、なんらかのよい結果が生まれるという経験をくり返すことによって身についてきます。しかし、親が子どもの行動に干渉することが増えると、子どもは自分の行動を自分で決める機会が少なくなるため、その分自分がなにかをできるという感覚が身につかなくなるのです。こうした状況が続くほど〈自我〉は弱くなっていきます。

多くの親が、子どもにいろいろな経験をさせたいからと、幼児期からさまざまな習いごとをさせたり、いろいろなところに連れて行ったりしますが、そのことが「自分の行動を自分で決める」という重要な機会を奪ってしまうことに気づくことが必要です。「うちでは必ず子どもにやりたいかどうかを聞いて決めさせている」という人もいるかもしれませんが、親が選択肢を出している時点で、もはや子どもの主体性は大幅に削《そ》がれています。スポーツ好きな「いい子」、音楽の素養を身につけた「いい子」という親の期待に応えなければという意識も働くので、これでは完全な意味での「自分の行動を自分で決める」にはなっていないのです。自分がなにかをできるという感覚が弱ければ、そもそもなにかをしたいという気持ちも弱まります。これが子どもの無気力の根源なのです。

無気力や回避性は、それ自体によって無気力や回避性をさらに誘導します。無気力や回避性は主体的に行動する機会そのものを奪ってしまいます。「失敗は成功の母」という言葉があるように、うまくいかない経験もまた物事への対処力を獲得するために必要なのです。うまくいかない経験が少なければ、物事への対処力が高まることもありません。そうなればつぎにうまくいく可能性も低くなり、さらに無気力さが強まります。物事への対処力の低さはストレスへの弱さ、打たれ弱さにつながり、うまくいかなそうな場面を避けようとする回避性も強まることになるのです。

無気力や回避性が目立つタイプの不登校で比較的診療場面でよく出会うのが、中学受験での受験勉強のつまずきがきっかけで不登校になるケースです。中学受験をする子どもの多くは自発的に受験を決めたというよりは、親の意向を忖度《そんたく》して受験を決めており、しかも中学受験に至るまでも親の言うとおりに学習や習いごとをきっちりこなしてきている過剰適応タイプがとくに目立ちます。受験勉強でつまずいてしまうと、親の言うことをちゃんとこなせない状況となって、「いい子」を維持できなくなってしまうために、行くべき道を見失ってしまったかのようにあらゆることへの無気力さや回避性が強まり、その一環として不登校も生じてくるのです。

非常に対照的なロールモデル　「巨人の星」と「機動戦士ガンダム」

近代化が親の過保護・過干渉を介して子どもの無気力が拡大してきたと説明しましたが、近代化による社会環境の変化それ自体が子どもを無気力にしている側面も注視する必要があります。たとえば、近代化にともない都市化や過疎化、そして少子化が進むことで子どもが人とかかわる機会が減少します。それにより同年代とのかかわりだけでなく地域の大人たちとのかかわりが少なくなると、子どもは自分の将来像を見出しにくくなります。

〈自我〉を強めていくために有効なのは、夢や憧れで、それを実現している身近なモデルの存在が必要なのです。地域の大人たちとのかかわりが少なくなるということは、自分の将来像につながるようなロールモデルとなる人に出会う機会がそれだけ少なくなることになります。子どもが身近に見る唯一の大人が家でぐうたらしている父親（本当は外ではがんばっているのですが、それは子どもには見えません）と、父親の愚痴ばかり言っている母親だとしたら、自分の将来に希望を持つことなどできるはずがありません。

ロールモデルの重要性は入院した不登校の子どもが治療を終えて退院していく際に、「将来は○○さんのような看護師（作業療法士、精神保健福祉士、栄養士など）になりたい」と言って帰ったことがあることからも感じます。入院中に深くかかわった医療スタッフへの憧れが、子どもたちが将来像を描く上での助けになったわけで、そう言って帰っていった子どもの多くは実際に不登校から抜け出せています。それだけロールモデルの力は大きいのです。

他者とかかわる機会が減少することは、子どもにとってのコミュニケーション能力を高めていく機会が失われることにもつながります。もともと社交的で積極的な気質の子どもであれば、あまり心配はありませんが、他者とのかかわり合いが苦手な子どもにとっては、コミユニュケーションの経験が減れば減るほど、他者とのかかわり合いの苦手さが強まり、対人関係や社会生活に対する消極性（無気力さ）を強めることになります。実際、コミュニケーション能力の低い子どもが増えていると感じますが、それは電子メディアへの依存にも大きく影響していると考えています。ネット依存の問題は後ほど説明したいと思います（第4章参照）。

社会の成熟によって豊かさや便利さが向上したことは、一方で、多くの子どもからつらい状況をがまんする経験を奪い、この機会損失が無気力さや回避性を強めることにつながっています。また、社会の成熟はそれ以上の成長を予想しがたいという点で社会の停滞でもあり、その状況はこうなれば成功するというイメージを描きにくくし、将来の夢や目標に向かって行動することに抑制的に作用します。将来の夢や目標は〈自我〉を強める方向に作用するため、それらが描けないということはやはり〈自我〉を弱めて無気力さを強める方向に作用します。

また少し脱線しますが、アニメの「巨人の星」と「機動戦士ガンダム」という、大人気を博した作品があります。この2作品の主人公が表現したロールモデルは、明らかに正反対のものでした。「巨人の星」は梶原一騎原作、川崎のぼる作画による漫画を原作として、今から53年も前の1968年に始まったアニメで、続編も含めて1979年まで放映が続きました。10年以上にわたって放映が続いたということは、この作品が社会現象になるほどの人気の証明で、実際に最高視聴率は36・7％にも達しました。

読売巨人軍のエースを目指す星飛雄馬《ひゅうま》が、体が小さいというハンデを抱えながら、父を指導者として過酷な練習を重ねることで、その夢を勝ち取るというものです。プロ野球の世界では、魔球「大リーグボール」を完成させ、大活躍をしますが、その魔球もライバルに攻略されてしまいます。それでも飛雄馬はあきらめず、ライバルに魔球を攻略されるたびに猛特訓を重ね、新たな魔球を開発していきます。無理を重ねた結果、左腕が故障すれば、右腕で魔球を投げるという難題を自らに課し、それを成し遂げるのです。

いわゆる「スポ根（スポーツ根性もの）」と呼ばれるジャンルですが、こうした作品が大成功を収めるには、「努力すれば必ず報われる」という社会的認識が不可欠です。「巨人の星」の放映が開始された1968年は、1954年から始まった高度経済成長期の終盤にあたる時期で、当時の日本は好景気に沸き立っており、努力すれば報われることが信じられる社会状況がありました。

加えて、1965～1973年の時期、王貞治や長嶋茂雄の2大スター選手を中軸に据えた巨人軍が9年連続で日本シリーズを制覇したいわゆる「V9の時代」で、巨人軍のエースというのは当時の子どもの多くが共有しやすい夢、憧れのロールモデルでした。その夢に向けて飛雄馬が何度挫折してもさらなる努力によって復活し、最後は成功を勝ち取るというストーリーが共感を呼び、人気を博したのです。

しかし、「巨人の星」が1979年に終了したように、1980年代になると「スポ根」アニメはまったくヒットしなくなります。

「巨人の星」と入れ替わるようにテレビ放映が開始されたアニメが、「機動戦士ガンダム」(日本サンライズ制作、1979年)で、現在に至るまで40年以上にわたってシリーズが継続しています。1970年代前半から始まる「ロボットアニメ」の流れを汲《く》む作品で、「ガンプラ」と呼ばれるロボット(作品中では「モビルスーツ」)のプラモデルが大ヒットしたこともあって、ロボットが注目されがちですが、「機動戦士ガンダム」が子どもたちを惹《ひ》きつけたのは、主人公や主人公を取り巻く人びとの人間性が精緻《せいち》に描かれていたからです。

第1作目の主人公である少年アムロ・レイは実は、今でいうひきこもりでした。技術者である父の都合で、母と別れて宇宙に連れてこられますが、優秀な父に対するコンプレックスもあって学校にも行かず、部屋に閉じこもって趣味の機械いじりをする毎日でした。宇宙で戦闘が始まり、アムロもそれに巻き込まれてしまいますが、父が開発したモビルスーツ(ガンダム)が放置されているのを偶然見つけ、アムロはマニュアルを読みながらガンダムの操縦に成功します。ガンダムの高い戦闘能力もあって、敵を撃破。少年アムロはガンダムのパイロットとしてなし崩し的に軍に編入され、いやいやながら戦闘を重ねていく中で、戦闘員としての能力を開花させていくのです。

星飛雄馬もアムロも物語の進展と共に自己実現を成し遂げていく点では共通しているので

すが、2人のヒーローには決定的に異なるところがあります。飛雄馬が自己実現のためにひたすら努力を重ねていくのに対して、アムロは一切努力をしないのです。努力をしないどころか、常に回避的で逃避的で、自分の活躍を上官に認めてもらえない場面になると、一層の努力を重ねて、自分を承認してもらう代わりに、ガンダムを持ち出して戦艦から脱走するという行動を取ります。回避的で逃避的なアムロが自己実現を成し遂げられるのは、アムロがもともと隠された能力を持っており、それが開花するような状況が偶然生まれてきたからに過ぎません。

「機動戦士ガンダム」以降、一見ふつうの主人公が隠れていた能力を開花させて活躍するというコンセプトのアニメ作品が数多くつくられるようになります。たとえば、1990年代を代表するアニメである「美少女戦士セーラームーン」や「新世紀エヴァンゲリオン」などがその系譜に入る作品です。そして、自分に隠された能力があり、いずれその能力が開花する時が来るというモチーフは、思春期の子どもによく見られる「中二病」にも引き継がれています。ちなみに「巨人の星」の星飛雄馬と「機動戦士ガンダム」のアムロ・レイを演じた声優がどちらも同じ古谷徹さんというのは不思議な偶然です。

1980年代の日本は長期にわたった高度経済成長が終わり、社会が成熟したと同時に、停滞し始めた時期でした。1990年3月から始まった急激な地価の暴落によって、バブル経済が崩壊し、金融機関を中心に巨額の損失を出し、その後に続く不況によって社会の停滞がより顕著になりました。社会が停滞していく中で子どもたちは「努力すれば必ず報われる」という1980年代以前にあった前提を共有できなくなり、「才能や運に恵まれれば報われる」という前提に共感するようになったのです。そしてこうした変化の背景にあるのは、ちょうど1980年代に日本も含めた先進国に広がった、努力や過程よりも能力や成果が重視される新自由主義的な社会認識なのだと思います。

そしてこの1980年代という時期は、まさに日本において不登校が顕在化してくる時期にも重なっているのです。

第3章 家庭内暴力と不登校

不登校のイメージをつかみやすくするために、まずは不登校の典型例を紹介します。つぎのAさんの相談内容は架空のものですが、共通した不登校の問題点を含んだものです。Aさんは専業主婦で、中学校2年生の息子さんの相談で児童精神科を訪れています。

Aさんの相談

今日は息子の相談に来ました。息子は中学2年なのですが、中学1年の2学期から学校に行けなくなりました。

私が毎朝何度起こしても全然起きてこなくて、しつこく起こすと怒鳴り声をあげて暴力をふるってきます。昼過ぎに起きてからは、夜遅くまでずっとゲームをやっているか、スマホで動画を見ているか。ゲームのやりすぎはいけないと思ってやめるよう注意したら大暴れしたので、それからはなにも言わないことにしています。

でも、最近だんだんエスカレートしてきて、先日は「新しいゲームを今すぐ買ってこい。買ってこないと学校には行かない」と私を脅迫してくるようなことを言い、無理だと言うとひどく興奮して「みんなお前のせいだ」とか言いながら、私に殴りかかってきました。

もともとはおとなしいいい子で、反抗期が来たのかなと思ってがまんしていたのですが、私ももう限界です。


不登校の場合、子ども自身が学校に行けないことを悩んで病院を積極的に訪れるということは稀《まれ》です。大抵の場合は不登校の状態がある程度進んできたところで親御さんが対応に困って相談に来るというのが大方のパターンです。

Aさんの相談内容は、特定のケースだけを取りあげたものではありませんが、典型例と前置きしたように、実際の診療の場面で出会う不登校のケースでおおむね共通して見られる特徴をまとめたものです。不登校に関連してこのような相談で児童精神科を訪れる親御さんはとても多いのです。

不登校の経過と対応（第5章参照）を紹介する前に、不登校と関連の深い2つの問題「家庭内暴力」（81ページ参照）と「電子メディア依存」（第4章参照）をそれぞれ取りあげておきたいと思います。不登校に関連して親御さんが児童精神科に相談に来る場合、不登校が主訴となっているというより、実際には「家庭内暴力」と「電子メディア依存」が主訴となっていることが多いのです。不登校の上にこの２つの問題が覆いかぶさっているために、根本の不登校の問題が見えにくくなっているのです。

実際、親御さんが「家庭内暴力」や「電子メディア依存」を不登校の枠組みの中で理解していないことが極めて多く、そのことで子どもへの対応を誤ってしまうことがしばしばあります。

Aさんの息子さんの問題行動

❶Aさんの息子さんは、母親に対して強い攻撃性や暴力を向けている。

Aさんは息子さんの攻撃性や暴力を中学生によく見られる「反抗期」と考えているようですが、「反抗期」の暴力や攻撃性は、親や周囲の大人の過干渉が原因となって生じます。Aさんの息子さんに見られる暴力や攻撃性はそれとは少し違うようです。

❷Aさんの息子さんは、母親になにかをやってもらおうとするが、それが実現しないことに対して暴力を振るい、攻撃性をあらわにしている。

この行動は、親に対する依存欲求であり、自立欲求を基盤とした「反抗期」の心理とは明らかに正反対のものです。

❸Aさんの息子さんは、母親に限って暴言や暴力を加えるという、いわゆる「家庭内暴力」を振るっている。

精神医学の正式な診断では「家庭限局性素行症」というたいそうな名前がつけられていますが、実際のところ幼児に見られる「かんしゃく」と同一の行動と考えることができます。「家庭内暴力」は不登校に関連して生じることが非常に多く、一見不登校と関係なく生じているようでも、学校での不適応さが潜在していて、そのストレスが関連していることがしばしばあります。

❹Aさんの息子さんは、うまくいかなくなるとその不快感を解消するために、母親のもとに戻って甘え、そこで力を蓄えようとする状態になっている。

子どもの心の発達の基本的なパターンが、母親への接近と分離のくり返しであることは前に説明しました（21ページ参照）。うまくいかなさに対して母親のもとに戻って甘える状態は、発達段階を一時的に後退させるという意味で「退行」、あるいは「子ども返り」と呼ばれています。外で気を張ってピシッとしていても、家に帰ると気を抜いてダラダラして身の回りのこともろくにやらないという行動パターンは、大人でも多いかもしれませんが、この「家でダラダラ」というのも広い意味では「退行」にあたります。「退行」は思春期の子どもでもよく見られるもので、それ自体は異常ではなく、通常は一休みして少し落ち着けば、またなにかをやってみようと思え、自然に母親からまた離れていきます。

問題となるのは、事態のうまくいかなさがあまりに大きい時で、その場合いくら母親にすがってみても問題が解決されるわけではなく、不快感も解消されません。そうなると母親から離れていくことができなくなり、退行した状態が持続してしまうことになります。退行が進めば進むほど幼児的な行動パターンが目立つことになりますが、それにともないもともとのうまくいかなさからくる不安を解消するためにも、幼児的な対処法がとられることになります。

❺ Aさんの息子さんには、わがままを言ってそれを満たしてもらうことで安心しようとする行動、いわゆる「試し行動」がしばしば見られる。

「新しいゲームを今すぐ買ってこい。買ってこないと学校には行かない」と言ったように、学校に行くことを引き合いに出して、なにかを要求してくるのが典型的です。母親が気にするであろう、「学校に行かない」ということで母親を脅して、母親が自分の要求に応えてくれるかどうか、言い換えれば、自分を愛してくれているかを試しているのです。

「家庭内暴力」で見られる「試し行動」の厄介なところは、子どもが実際には幼児ではなく中高生であるということです。幼児のわがままであれば、ちょっとしたものを与えてあげるか、スキンシップをすることで満たされますが、中高生となれば、わがままとして出てくる要求も幼児の時と比べ物にならないくらい高度で満たしにくく、実際に要求を満たすことができないこともしばしば出てきます。

❻Aさんの息子さんには、幼児における分離不安に相当する「見捨てられ不安」が見られる。

要求が満たされなければ、もともとの不安が解消されない上に、母親が自分の要求を聞いてくれないことで、幼児における「分離不安」に相当するものも刺激されてきて、感情の抑えが効かなくなり、かんしゃくが生じます。そのかんしゃくを向けやすい相手も、甘える対象である母親です。「家庭内暴力」では母親に対する攻撃性がとくに目立って見られるのです。

❼Aさんの息子さんの日常生活が、ゲームやスマホに費やされている。

この「電子メディア依存」と不登校との関係は、第4章でくわしく取りあげたと思います。

幼児への退行現象としての「家庭内暴力」

もともとはうまくいかなさに対する不安であったものが、「退行」によって「分離不安」に置き換えられ、それが幼児的なかんしゃくとして表出する。これが「家庭内暴力」の正体です。

「家庭内暴力」では、母親に対する依存的な要求とそれにともなうかんしゃくとしての暴力が見られる一方で、母親への甘えやべたつきも併せて見られるのが特徴で、思春期の子どもが母親に対して一緒に寝ることや、一緒にお風呂に入ることを求めてくることがしばしば見られます。念のため言っておきますが、これは性衝動とはまったく違っており、子どもが希望するのは幼児が求めるような添い寝やお風呂で体を洗ってもらうなどであって、性的な行為を求めてくることはありません。これも「家庭内暴力」が「退行」によるものであることの証左の一つです。

「家庭内暴力」は母親が対象となることが多く、父親が対象となることはほとんどありませんが、これは日本において育児の主体が母親であり、父親がそこまで育児にかかわっていないために、子どもにとって父親が甘えの対象となりにくいことが関係しているものと考えられます。加えて、「家庭内暴力」では母親のほかにきょうだいが対象となることも多くみられます。きょうだいは甘える対象というわけではありませんが、母親の愛情を巡るライバル関係にあるため、きょうだいへその矛先が向けられることがあるのです。

このような子どもから親への「家庭内暴力」は欧米では非常に稀《まれ》で、以前から日本においてとくによく認められる病態として知られていました。欧米で「家庭内暴力」（DV＝Domestic Violence）と言えば配偶者間、とくに、夫から妻に対するものが中心で、今では日本でもおなじみの概念となっています。

日本で見られる「家庭内暴力」は、WHOが作成した精神医学の診断分類（ICD－10）では、「家庭限局性素行症」として記載されていますが、アメリカ精神医学会が作成した診断分類（DSM－5）には、このような病態の記載そのものがありません。

こうした状況は、日本と欧米の育児スタイルの違いが背景にあると考えられています。欧米、とくに、アメリカの育児は常に子どもに自立を強いるため、乳児期から添い寝をしなかったり、幼児期から一人で入浴させたりなど、日本人から見るとやや突き放した育児をするのがふつうです。もちろん、突き放すだけでなく、その分言葉で子どもをほめたり、行動で認めたりすることでバランスを取っています。自立を促されて育った欧米の子どもには、外でうまくいかないことがあっても、それが原因で退行して、親に甘えるという行動をとりづらいのだと考えられます。

一方、日本では子どもを自立させようという親や周囲の意識が薄く、それどころかいくつになっても親が子どもの面倒を見るのが当然、という認識が社会全体として強く見られます。成人した子どもが犯した犯罪や不祥事に対して親がマスコミから責められ、頭を下げるというワイドショーでおなじみの光景が、まさに日本的な育児の感覚を表しています。こうした、子どもの甘えを許容する日本の育児スタイルが、「家庭内暴力」の遠因となっていると考えています。

「家庭内暴力」をめぐる大きな誤解

「家庭内暴力」の状態にある子どもへの対応として、子どもの要求をそのまま受け入れ、叶えてあげることがよい、というアドバイスがなされることがあります。このアドバイスは通常の「退行」のレベルであればよいのですが、「家庭内暴力」、とりわけ不登校にともなう「家庭内暴力」に対しての対応となると、あまり適切であるとは言えません。

なぜならば、子どもが本来望んでいるのは「うまくいくこと」で、いくらその場その場の要求を親や周りが満たしたとしても、最終的な「うまくいくこと」という望みを他者が代わりに実現することはできず、結局は不安を解消するためにさらなる要求を生み出すだけの悪循環に陥るからです。

また、「家庭内暴力」が親の愛情不足など、育て方の問題と言われることがありますが、この認識も間違っています。「家庭内暴力」では「みんなお前のせいだ」と、子どもが親を責めるケースが多いため、親に問題があったと誤解されることが多いですが、「家庭内暴力」はあくまでも子どもの側の「うまくいかなさ」が原因で、子どもから親への八つ当たりなのです。

さらに言えば、「家庭内暴力」は親に甘えられる状況がない限りは成立しないため、「家庭内暴力」が生じる家はむしろ、親が幼少期から子どもの面倒をみてきたことの証明と言ってもよいと思います。ちなみに、虐待などの家庭的な不安定さが原因となる子どもの問題行動は、「家庭内暴力」ではなく「非行」（精神医学の診断では「素行症（素行障害）」）との関連が深いことが知られています。

「家庭内暴力」への対応法

「家庭内暴力」は、外でのうまくいかなさに反応して生じるものなので、それが改善されない限り「家庭内暴力」の改善もありません。不登校にともなう「家庭内暴力」であれば、不登校からの回復が「家庭内暴力」の改善に必須であり、不登校をそのままにして、「家庭内暴力」だけを改善させることはできません。ただし、不登校の改善には非常に時間がかかりますので、その間「家庭内暴力」に対して、適切に対応していくことが必要です。

「家庭内暴力」の本質が甘えであることを考えれば、甘えの対象となりやすい母親ではなく、他の人ができるだけ対応していくことが有効な手段の一つです。

母親以外の第三者が子どもとかかわると、子どもの「退行」が抜けて、年齢相応の対応をすることがよくあります。実際、家で激しく暴れている状況でも、家人の通報で警察官がやってきた途端に大人しくなり、攻撃性のかけらも表出しなくなるということはよくあることです。

子どもが病院に連れてこられた時も、まったく同じ現象が見られます。診察中、母親が一緒の時はふてくされたような態度やそっけない態度を取り、入院を告げると、母親への脅しの言葉も含めて激しい暴言を吐きますが、実際に入院してしまうと人が変わったように大人しく、かつ聞きわけもよくなり、自分から積極的に病院の生活に合わせていくようになります。

「家庭内暴力」への対応では、父親の存在が非常に重要になります。その是非はともかく、父親が甘えられない存在であるが故に、父親に対しては年齢相応の自分を取り戻しやすく、子どもへの母親のかかわりを減らし、父親ができるだけかかわるようにすることが有効な対処法になります。さらに効果的なのは、親戚、近所の人、教師、保健師、フリースクールのスタッフ、警察官など、家族以外の大人がかかわることで、改善に向かう可能性が広がります。

そのため、「家庭内暴力」の兆候が現れたときは、まずは地域の民生・児童委員、保健所などに相談し、行動がエスカレートしていきそうであれば、警察の生活安全課に相談しておくと、いざという時の対応がスムーズにおこなわれます。家庭内で抱え込まないことが、とても重要です。

不登校にともなって「家庭内暴力」を起こしている子どもの場合、ほとんどが不登校の心性から外に出たり、他者と会ったりすることを極端に嫌がります。実際、シングルマザーの家庭で、母親以外に子どもにかかわれる大人がいない場合、対処が非常に困難になります。家庭では対処できない場合、子どもを家から出すことを積極的に考える必要があります。家から外に出してしまえば、「退行」が抜けるので、外に出ている間は「家庭内暴力」はもちろん、他者に対する暴力や攻撃性自体が見られなくなります。

家から出す方法としてよく用いられるのが、精神科への入院です。もちろん本人から望んで入院するということはまずないので、非自発的な入院（多くは「医療保護入院」と呼ばれる家族の同意に基づく入院）をおこなうことになります。

単に家から出ただけでは「家庭内暴力」の原因であるうまくいかなさがなくなるわけではないので、入院期間中に本人の自信を高めるようなかかわりをおこなうことに加えて、根本的な問題である不登校を改善させるため、再登校に向けての学校との相談、関係機関への協力依頼、家族に対する心理教育などの環境調整をおこないます。

かつて厚生労働省は、「ニート対策」として「若者自立塾」と呼ばれる施設を全国に整備していました（2005年開始）。合宿による生活訓練や職業体験を通じて自立を目指すプログラムがおこなわれ、多くの不登校、家庭内暴力を起こしている子どもたちが利用し、それなりの改善効果が認められていました。しかし、民主党政権下の2009年におこなわれた「事業仕分わけ」では、定員充足率の低さが指摘され、事業の終了が決定しました。しかし、関係していた施設の中で自治体などの支援を受けて同様の活動を継続しているところもあるので、このような施設への入所も対応策として検討してもよいかもしれません。

第4章 電子メディア依存と不登校はどのように関係しているか

「電子メディア依存」とは

「電子メディア依存」はパソコン、スマホ（スマートフォン）、携帯電話、タブレット、ゲーム機など、主にインターネットに接続可能な電子機器を用いた行為にのめりこみすぎてしまう状態で、若者を中心に問題になっています。ただし、ひとことで「電子メディア依存」といっても、ネットゲーム、動画、音楽、ＳＮＳ（ソーシャル・ネットワーキング・サービス）など依存の対象はさまざまです。

「電子メディア依存」が拡大した背景には、なんといってもスマホの普及があります。２０１８年に内閣府が公表した調査（平成29年度青少年のインターネット利用環境実態調査）では、スマホの所有・利用率は高校生で96％、中学生でも58％の圧倒的多数になっています。

スマホと言っても、実質は通話もできる小型パソコンで、手軽にインターネットを経由したさまざまなサービスを利用できます。このスマホの登場が「電子メディア依存」をより深刻にしました。

2013年、アメリカ精神医学会が発表したDSM-5で「今後の研究のための病態」として「インターネットゲーム障害」が記載され、さらに2019年にはWHOのICD-11（ICD-10の改訂版）で、「ゲーム障害」という診断を新たに設けることが正式に決定されるなど、精神医学の領域においても「電子メディア依存」が注目されるようになってきています。

そもそも依存症とは

そもそも依存症には、大きく二つの要素があると言われています。

一つ目が、精神依存と呼ばれる状態で、依存性物質に対する強い欲求や渇望《かつぼう》です。

二つ目が、身体依存と呼ばれる状態で、依存性物質が常時体内にある状態に身体が順応した結果として、依存性物質が体内からなくなった時に身体的な不調感、いわゆる離脱症状が生じるようになることです。

この二つに加えて、依存症を悪化させる大きな要因として耐性があります。耐性とは依存性物質に身体が順応していくことで、依存性物質が効果を発するまでの量が増加していくことを言い、この耐性によって摂取量が増加していくのを止めにくくなってしまうのです。

強い依存性を発揮する物質への依存

強い依存性を発揮する物質は、基本的に脳内で快感や興奮を引き起こす脳内物質に似た作用があります。たとえば、強い依存性を発揮する物質である覚醒剤（アンフェタミン、メタンフェタミンなど）は、脳内で快感や興奮を引き起こす脳内物質であるドーパミンに似た作用があり、覚醒剤を摂取すると強い快感や興奮が引き起こされます。この感覚を一度体験すると、この感覚への渇望が生じ、依存性につながることになります。

コカイン、ニコチンなどもドーパミンに似た作用があり、いずれも強い依存性があります。他にも、多幸感や鎮痛作用を引き起こす脳内物質であるβエンドルフィンに似た作用を有するモルヒネやヘロイン、抗不安作用や催眠作用を引き起こす脳内物質であるγアミノ酪酸（ＧＡＢＡ）に似た作用を有するアルコールなども強い依存性を発揮します。酒や煙草をなかなかやめられないのは、それらが強い依存性を発揮する物質だからです。

「プロセス依存」と呼ばれる行為への依存

物質に対する依存は「物質依存」と呼ばれていますが、物質ではなく、強い快感や興奮を引き起こす脳内物質を強く放出させるような行為に対する「プロセス依存」があることが知られています。「プロセス依存」は実際上、ありとあらゆる行為に対して生じる可能性がありますが、よく問題となるのは、「電子メディア依存」の他にギャンブル、食行動、買い物、性行為などが知られています。

少し話は脱線しますが、ご存じの「釣りバカ日誌」という映画は、マンガを原作にしたものですが、西田敏行さん、三國連太郎さんのコンビで、1988年から22年間、22作品が劇場公開されました。主人公のハマちゃんこと浜崎伝助は釣りにはまってしまったばかりに生活は完全に釣り中心で、一日中釣りのことばかり考えて仕事は二の次で、時には釣りのために仕事をさぼったりもします。映画では釣りがきっかけで自社の社長と師弟関係になり、取引先ともうまくいくというハッピーな展開になりますが、現実にこういう人がいて、精神医学の診断基準に「釣り障害」という診断カテゴリーがあれば、間違いなく確定診断がつくことでしょう。

なにか本人に快楽をもたらしてくれるもので、それに強くはまれば、どんな行為であって

図⑦　依存の心理

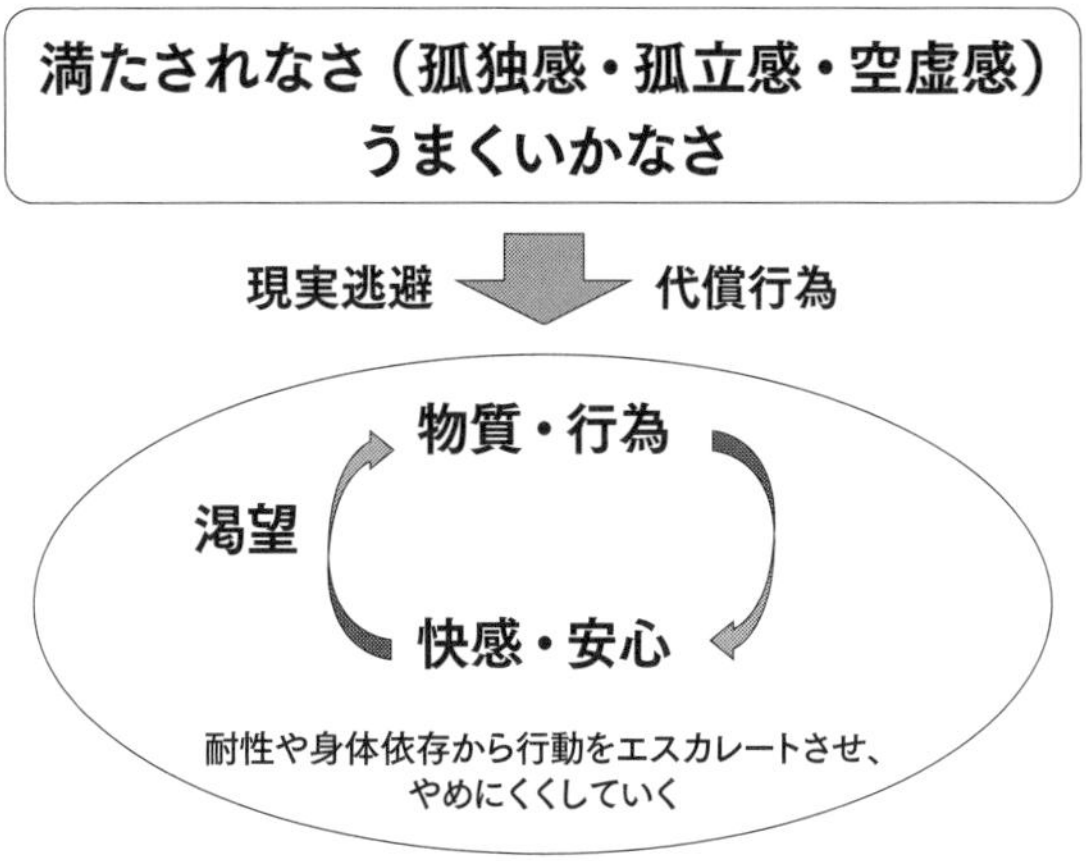

も依存状態が生ずる可能性があるのです。そもそも依存症が生じるのは、物質や行為が心地よさを生み出し、「楽しいから依存する」「それを渇望する」ということになるのでしょうが、事態はそれほど単純ではありません。多くの場合、依存に陥ってしまう背景として、満たされなさやうまくいかなさがあり、現実逃避あるいは代償行為として依存症が生じてくるのです（図⑦）。

仮に依存症が治ってしまうと、満たされなさやうまくいかなさの現実が立ち現れて来て、それに直面することになるわけで、本人としては依存症が治ることは、あまり望ましい事態ではないのです。そのため、依存症の患者の多くは治療に消極的となりがちです。現実の満たされなさやうまくいかなさは簡単には解決できません。そのことが依存症の治りにくさそのものなのです。芸能人などが薬物事件をくり返すのを見て、「なんて懲りない面々」だと、マスコミは非難しますが、あげつらう対象ではなく、治療の対象であるという認識をもつ必要があります。

ゲーム依存の精神医学的な位置づけ

さて、1990年代のアメリカで、インターネットを介したさまざまな行動への依存が報告され始め、その一つとしてネットゲーム依存が知られるようになりました。当時、インターネットの利用者は今ほど多くなく、インターネットを介してなにかをおこなうこと自体が理解しがたい行動と受け止められていたと思います。

アメリカの精神科医であるキンバリー・ヤングが「インターネット依存度テスト（Internet Addiction Test）」というインターネット依存のスクリーニングテストを作成しています。質問は全20項目で、現在でもよく用いられているものですが、その項目を見ると、「インターネットで新しい仲間をつくることがありますか？」「他にやらなければならないことがあっても、まず先に電子メールをチェックすることがありますか？」「日々の生活の心配事から心をそらすためにインターネットで心を静めることがありますか？」など、今となっては当たり前になっている行動までもが、病的な徴候としてあげられています。

2000年代に入ると、ネットゲーム依存がとくに注目されるようになりました。ネットゲーム依存が社会問題になったのは主に韓国や中国で、韓国で2002年10月、ネットカフェで86時間連続してネットゲームをし続けた24歳の男性が死亡した事件（死因はおそらく同じ姿勢を続けたことによるエコノミークラス症候群）が日本でも広く報道されました。韓国や中国では同様の事件が頻発し、国としてゲーム依存に対応しなければならない状況にまでなりました。

こうした状況を受けて2013年、アメリカ精神医学会がDSM－5で「インターネットゲーム障害」を依存症として取りあげました。ただし、この時は、「今後の研究のための病態」という項目で取りあげただけで、正式な診断分類には含まれませんでした。当初、ネットゲーム依存が韓国、中国に偏っており、欧米圏では目立って社会問題になっていなかったことが関係していると考えられます。「インターネットゲーム障害」の記述でも、わざわざ「アジア諸国に多い」とされています。実際のところ、この状況は現在も変わっておらず、ネットゲーム依存に関する学術論文の多くが韓国、中国の研究者によるものです。

インターネットの普及率で考えれば、当時先行していた欧米や日本でネットゲーム依存が社会問題にならず、韓国や中国で問題になった理由は、おそらく受験戦争が大きく関係していると私は考えています。日本も学歴社会と言われていますが、韓国や中国は遥《はる》かに過酷な学歴社会で、その分受験戦争も苛烈です。そこでつまずいた若者の現実逃避の場がおそらくネットゲームであったのです。ネットゲームがいかに現実逃避の場として「優れている」かについてはあとで改めて説明します。

ＤＳＭ－５にネットゲーム依存が取りあげられたことが一つのきっかけになって、日本でもインターネット依存が注目され始めます。厚生労働省の研究班が２０１２（平成24）年度、２０１７（平成29）年度に中高生のインターネット依存の調査を行っています。２０１７年度の調査では調査対象者の内、病的使用者の割合が中学で12・４％、高校で16・０％、そこからの推計で93万人の中高生にインターネット依存の疑いがあると報告しています。

その後、各国からインターネット依存に関する報告が公表されるようになると、２０１９年、ＷＨＯがビデオゲームへの依存を包括的にとらえた「ゲーム障害」を正式な診断分類として定義したのです（ＩＣＤ－11）。

さきほど、どんな行為であっても「プロセス依存」の状態をつくる可能性があると説明しましたが、近年、脳の画像研究によってネットゲームによっても、物質依存に類似した脳の変化が起こるという所見が報告されてきています。

たとえば、「インターネットゲーム障害」と診断された人では、眼窩《か》前頭皮質や前部帯状回などの活動が、ゲームの刺激によって亢進することが報告されています。これらの部位は報酬系と呼ばれる、なにかをしたいという渇望を強めるように働く、脳の回路を構成しており、ゲームの刺激によってこれらの部位の働きが亢進することは、依存症が生じていると考えられるのです。

念のためにつけ加えておきますが、ネットゲーム依存によって物質依存と類似した脳の機能的変化が生じることと、いわゆる「ゲーム脳」とは話がまったく違います。「ゲーム脳」の主張は、ビデオゲームを長時間やることで前頭前野の機能低下が生じ、脳波上の変化になって現れるという説ですが、この現象は科学的には証明されていません。そもそも「ゲーム脳」に関する説は、学術論文として発表されたものではなく、学術的な議論もなされていないので、現時点ではそう考えている人がいるというだけで、「ゲーム脳」という脳内の現象が起こるとも、起こらないとも言えないのです。

たしかに、依存性物質の長期的な使用は脳に不可逆的な変化を起こし、物質使用の中断後も認知症様の症状や幻覚妄想などを引き起こしますが、ゲーム依存が依存性物質と同様に、脳に不可逆的な変化を引き起こすかどうかについてはまだ明確な根拠が示されていません。「インターネットゲーム障害」と診断された人に、脳の形態的変化が認められるという報告はありますが、ゲームとの因果関係は明確にはなっていません。

ただ、脳は使えばその機能が強まり、使わなければその機能は弱まるようにできています。2000年代後半に一世を風靡《び》した「脳トレ」のように、ゲームが認知機能のリハビリテーションとして使われる例もあり、ゲームの長時間の使用でなんらかの脳の変化が当然、生じているものと思われますが、それがよいものなのか悪いものなのかも含めて、実態がまだ解明されていないというのが現状です。

「電子メディア依存」をめぐる大きな誤解

「電子メディア依存」と不登校の関係と言えば、「スマホ、ゲームなどを夜遅くまでやっていて昼夜逆転し、学校に行けなくなる」というイメージではないかと思います。不登校で悩んでいる親御さんが、「ゲーム依存をなんとかしてほしい」という訴えで相談に来られるケースがここ数年非常に増えています。「ゲーム障害」がマスコミで大きく取りあげられたこともあり、親御さんから見ると、「スマホ、ゲームが原因で学校に行けなくなる」と思ってしまうようです。しかし、学校に行けなくなる原因がスマホ、ゲームにあるわけではありません。

「スマホ、ゲームなどを夜遅くまでやっていて昼夜逆転し、学校に行けなくなる」のではなく、「学校に行きにくいから夜遅くまでスマホ、ゲームなどをやっていて昼夜逆転させている」ととらえた方が妥当で、実際には「電子メディア逃避」と呼ぶべき現象なのです。子どもがこのような状態に陥った場合、多くの親御さんが、スマホやゲームを禁止するという対応をとりますが、一時的に学校に行けるようになることはあっても、長期的に学校に行けるようになることはほとんどありません。電子メディアを取り除いても、学校に行きにくいという現実的な問題が解決しないからです。

世の中で「電子メディア依存」と思われている状態の多くは、電子メディアに対する依存ではなく、「電子メディア逃避」であると考えてよいでしょう。「電子メディア依存」の本質が、学校などの社会活動からの「逃避」であることを示す根拠の一つが、「電子メディア依存」とほぼセットで現れる昼夜逆転した生活形態です。「電子メディア依存」が単純な電子メディア利用に対する依存であれば、依存する時間はいつでもよいはずですが、数ある依存症の中で、「電子メディア依存」だけが昼夜逆転した生活リズムとセットになっています。

夜は寝てしまえばあっという間に朝になり、学校に行く時間が来ます。学校に行きたくない、できるだけ社会活動を避けたいという心理は、子どもたちにできるだけ遅くまで起きていたいという気持ちを駆り立てます。単に起きていたいだけでなく、翌日の学校を考えると不安だったり気が重かったりして、なかなか寝つくこともできず、それらを紛らわすために電子メディアに没頭するのです。

学校に行きたくなく、社会との接触を避けたいのですから、朝が来ても寝たままでいたいと思うのが当然です。学校に行っているべき時間に起きているのは、自分に対しても家族に対しても言い訳が立たないので、夜中起きていて、日中は寝ている（起きられない）というのがある意味、合理的な行動になるのです。

こうした心理を身体的に裏づけているのが、ホルモンの一種であるコルチゾルの働きであると考えられています。コルチゾルは副腎皮質から放出されるホルモンで、活動性を高める働きをします。遠足のような楽しいことがある前夜や、心配事がある時に眠れなくなるのはこのホルモンの作用で、よいことであっても、悪いことであっても、ストレスがかかることによって放出が促進されるため、ストレス状態を反映するホルモンとしても知られています。

通常、コルチゾルは睡眠中に血中濃度が低下し、朝方になると血中濃度が急激に上昇して覚醒を促します。ところが、学校に行きたくない場合には、夜になると不安や気の重さでストレスが強まるため、コルチゾルの血中濃度がむしろあがってしまい、寝つきにくくなります。そして、朝になってもコルチゾルの急激な上昇が起こらず、覚醒しにくくなります。

こうした夜に血中濃度が上昇して日中に低下するという、通常とは逆転したコルチゾルの放出リズムが、昼夜逆転の生活リズムに反映されると考えられるのです。

ご存知のように、今のネットゲームは、対戦型、グループで参加する形式（「フレンド」とか「クラン」のメンバー。１０４ページ参照）になっていて、かつてのビデオゲームのように一人で楽しむ形ではありません。数人、数十人がグループに登録して、地域を越えて参加してきます。さまざま階層の人、海外からの参加者もネットゲームに参加してきますから、夜からゲームが始まることが多く、そのことで昼夜逆転するという説明もできるかもしれません。実際、ネットゲームが原因で学校に行けないと訴える人は、そのように主張しますが、そもそもネットゲームの参加者が夜に多い理由を考える必要があります。

日中会社勤めや通学をしている人は当然、日中にネットゲームをすることはできませんから、夜にネットゲームに参加することになります。しかし、連日深夜までネットゲームをしていたら、仕事や学校生活が破綻してしまうはずです。結局、連日深夜までネットゲームをしている人の多くは、仕事をしていなかったり学校に行っていなかったりする人、すなわち、不登校やひきこもりのような状態の人で、ネットゲームの参加者は、すでに社会活動から逃避しているという現実が先にあるのです。もちろん、ゲームによっては時差で日本と昼夜が逆転している国から参加している可能性もありますが、実際に不登校でネットゲームをしている人に聞くと、ゲームのグループのメンバーはほぼ間違いなく日本人です。

ネットゲームの特殊性からくる依存性

「電子メディア依存」の中でもとくに問題が大きいと考えられているのがネットゲームへの依存です。精神医学の診断分類であるDSM-5に記載された「インターネットゲーム障害」では、12～20歳の男性でとくに有病率が高いとされており、ネットゲームへの依存がまさに思春期の問題であることが示されています。そして、ネットゲーム依存が思春期の問題であるからこそ、不登校とも深く関係していくのです。

ここで注目すべきは、通常のビデオゲームではなく、ネットゲームで依存を生じやすいという点です。通常のビデオゲームにないネットゲームの特殊性からネットゲームへの依存が生じるのです。

ゲームメーカーの立場からは当然のことですが、通常のビデオゲームの場合、ゲームソフト単体を売ることで収益をあげているので、一つのゲームソフトに過度にのめりこまれて、新作のゲームソフトを買ってもらえなくなると困るわけです。そのため、通常のビデオゲームはある程度やれば飽きてしまうようにつくられています。

しかし、ネットゲームの場合は、ゲームソフト単体を販売するのではなく、利用料やアイテム課金などの仕掛けによって、ゲームを継続的にやってもらうことで収益をあげるビジネスモデルになっています。一つのゲームソフトをそれこそサービスが続く限り、永久に続けてもらう方がよいわけで、ビデオゲームにはなかった、ゲームをやめさせないための工夫が組み込まれているのです。

たとえば、ネットゲームの多くに「ログインボーナス」という特典があります。1日1回ゲームに参加するとゲームの進行に役立つアイテム（敵を攻撃する武器など）を無料でもらえるサービスです。しかも継続して参加すると、一定期間（1週間など）でさらに強力で、魅力的なアイテムがもらえるシステムが用意されています。「デイリークエスト（デイリーミッション）」というシステムは、1日の中で一定のアクティビティをこなすとアイテムがもらえるサービスです。

こうした「ログインボーナス」や「デイリークエスト」は報酬を与えることで、ゲームを反復的継続的におこなう行動を強化し、日常生活の中でルーティン化していくという精神医学でいう行動療法的な仕掛けが組み込まれているのです。また、頻繁にゲーム内容やゲームシステムを更新したり、期間限定のストーリーやイベントを組み込んだりして、常に新しい要素を加えていくことで、ゲームを飽きさせないようにする工夫もなされています。多くの場合、ゲーム内容やゲームシステムが更新されても、追加の料金を払うことはありません。

また、「ガチャ（カプセルトイのガチャガチャから派生した名称と考えられている）」と呼ばれるくじがゲームの中に組み込まれていることがあります。「ガチャ」では、ゲームの攻略に役立つ強力なアイテムや、希少性の高いアイテムが景品になっていますが、それらが当たる確率は非常に低く、それらを手に入れるにはお金が掛かります。人によっては、宝くじのようなギャンブル性によって多額のお金を注ぎ込んでしまうこともあります。お金をかけて、アイテムをゲットすると、そのコストを無駄にしたくないと考えるため、結果としてゲームが止《や》められなくなります。

ネットゲームに組み込まれた人間関係と承認欲求

こうした工夫だけでもネットゲームは魅力的ですが、実はそれらの工夫よりも格段に強力な工夫がネットゲームには組み込まれています。それはゲームの世界に人間関係を持ち込んだことです。これこそがネットゲームの特殊性の根幹ともいえる要素なのです。

ネットゲームは、通常のビデオゲームと異なり、一つのゲーム世界に多くの人が同時に参加しており、参加者が相互にかかわることで一つの社会を形成しています。こうしたネットゲームの中でゲームをスムーズに進めていくためには、ほかのプレーヤーとの協働が重要となります。

実際のところ、多くのネットゲームは他のプレーヤーと協働しなくてもぎりぎりやっていけますが、協働するとスムーズにゲームが進み、一部のコンテンツでは協働しないとやっていけないという程度のバランスでつくられています。つまり、ネットゲームをより深くやりこもうと思えば、他の参加者と協働せざるを得ない仕組みになっているのです。

ネットゲームでは他の参加者との協働をしやすくするために、「フレンド」と呼ばれるよくかかわる参加者同士の登録システムや「クラン」（ギルド、チームなどと呼ばれることもあります）と呼ばれる、一定の目的を共有する参加者集団への加入システムがあります。フレンドやクランのメンバーは、学校の友人などの顔見知りである場合もあれば、そのネットゲーム内で知り合った人である場合もありますが、いったんそうした関係ができあがってしまうと、ゲームプレイがその関係性に強く影響されていきます。

たとえば、「フレンド」や「クラン」のメンバーと一緒にプレイするためにはその人たちと同じ時間にログインしていなければなりません。とくにゲーム内のイベントに一緒に参加するとなれば、選択できる日時も固定されてきます。そうなると自分が現実に所属する社会のリズムだけでなく、もはやネットゲームの世界のリズムにも合わせて生活していくことになります。ネットゲームの世界においては、その中での人間関係による疑似的な社会活動が形成されているのです。

ところで、思春期とは自己確立の時期で、その過程において〈自己〉を成長させるものとして実際に周囲から認められているという客観的な証拠が重要だと説明しました。この「周囲から認められている」という状態を求める感覚、一般的にはこれを「承認欲求」と呼んでいますが、ネットゲームにおける人間関係や社会活動においてもこの「承認欲求」が強く働きます。そして実はネットゲームの世界の方が現実の世界よりも「承認欲求」が満たされやすいのです。

承認欲求が満たされやすい仮想世界

ネットゲームの世界では現実の世界よりも比較的容易にアバター（ネットゲームの世界での自分の分身）の能力を高めることができます。アバターの能力を高める方法は大きく2つで、とにかく時間をかけるかアイテム課金をして、強い装備やアイテムを入手するかです。

とにかく時間をかけるとは言いましたが、数百時間もやれば相当程度のパフォーマンスが出せるわけで、現実の世界で能力を高めるために何年（場合によっては何十年）も学習や訓練を続けなければならないことに比べれば、明らかに現実世界よりもやったことに対する結果が出やすい世界なのです。

しかも、ゲームシステムの中だけでうまくやれればよいわけですから、現実の学校生活のように各教科の学習、部活動、日々のコミュニケーションなどさまざまな場面でうまくやらなければいけない状況に比べれば、負担感もかなり少ないのです。とくに、近年目立つコミュニケーション能力の低い子どもには非常に過ごしやすい環境です。そのため、ネットゲームの世界では現実の世界よりもうまくいきやすく、その結果「承認欲求」も満たされやすいのです。

そうなると、不登校の子どものように、現実の世界でうまくいっていない場合、ネットゲームの世界は大変魅力的なものになります。彼らは現実の世界では認められる機会が乏しく、常に周囲と自分を比較して劣等感を抱いています。ネットゲームの世界における人間関係や社会活動は確かに疑似的なものではありますが、少なくとも自分を認めてもらえる機会は現実の世界よりもはるかに多くあります。彼らはそこに大きな価値を見出しているのです。

このように考えていくと、ネットゲーム依存は人間関係が持ち込まれているというネットゲームの特殊性が生み出した依存で、実はゲームそのものへの依存というよりもゲーム内の人間関係への依存という要素が大きいということがわかってきました。そしてその背後にあるのは、現実の世界における人間関係や社会活動におけるうまくいかなさの問題に他ならないのです。

「電子メディア依存」における男女差

ネットゲーム依存の特徴は、思春期の時期に多いだけでなく、男性に多いということです。DSM-5の「インターネットゲーム障害」の記載でも、15～19歳の有病率が男性8・4%に対して女性は4・5%とされています。しかし、社会活動におけるうまくいかなさの問題は女性においても当然あります。なぜ女性はネットゲーム依存になりにくいのかについての明確な説明は現在のところありませんが、一つの仮説として考えられるのが対人関係における男女差です。

少なくとも日本においては、対人関係のあり方として男性は社会、すなわち集団活動を重視し、女性は社交、すなわち一対一の関係性を重視する特徴があります。男性の場合は人とかかわる際になにかの枠組み（部活、仕事、趣味、役割など）を介してのかかわりを好みます。なにかをするという目的を持って人とかかわると言い換えてもよいでしょう。

一方、女性の場合はとくにそうした枠組みと関係なく、直接的に人とかかわることを好みます。そのため友人関係においても男性が重視するのはなにかを一緒にやる「仲間」である一方で、女性が重視するのは相手と深くわかり合う「親友」になります。

では、そもそもどうして男性が社会や仲間を重視し、女性が社交や親友を重視するのかと問われると、残念ながら「実際そうした特徴が観察される」としか言えません。男性が社会や仲間、女性が社交や親友を重視すると考えた時に、ネットゲームの価値が疑似的な社会活動にあるとすれば、ネットゲームは女性よりも男性により親和性が高いと言えるのだと思います。

ネットゲーム依存が女性に少ないとすれば、女性の「電子メディア依存」にはどういう特徴があるのでしょうか。総務省情報通信政策研究所は２０１６年（平成28年）に「中学生のインターネットの利用状況と依存傾向に関する調査」の結果を公表しています。この調査は横浜市内の公立中学校１４８校中22校の中学生１万１５８９人（有効回答率91・４％）に対して実施されたものです（２０１５年２月18日から３月13日の期間）。

この調査によると中学生のスマホ利用率は、男子が70・３％に対して女子が74・９％でした。横浜という都市部での調査ですから、スマホ利用率が全国平均より少し高くなっている可能性はありますが、スマホ利用率が男子よりも女子の方で高いということが注目点です。使用時間でも男子の平均が１１１・３分であるのに対し、女子は１３５・６分で、使用時間についても女子の方が長くなっています。

図⑧　中学生におけるスマホ・ガラケーの平均使用時間

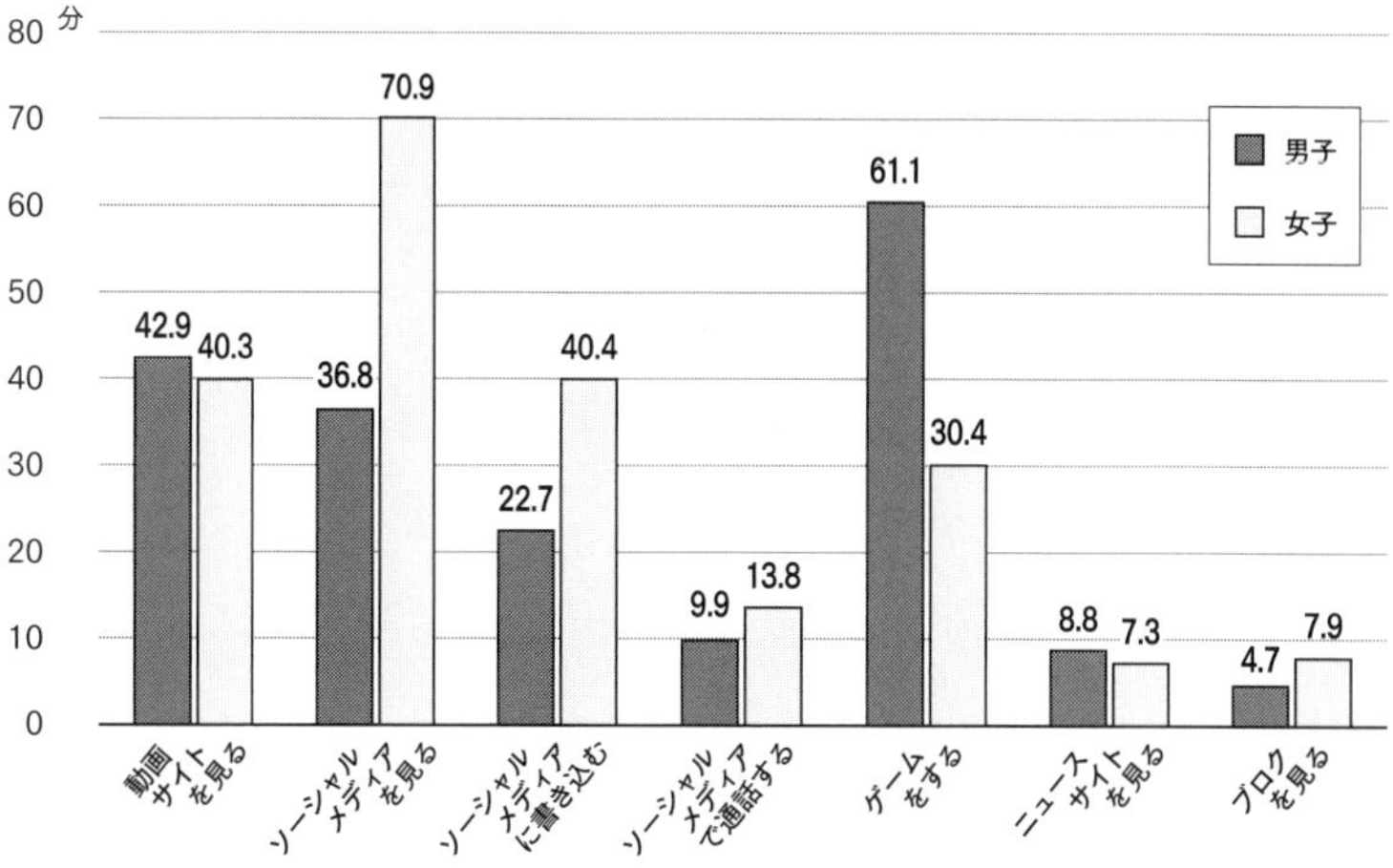

総務省情報通信政策研究所（2016）「中学生のインターネットの利用状況と依存傾向に関する調査」より作成

図⑧を見てください。実際のスマホの利用目的ですが、スマホ・ガラケーの使用時間の平均では、ゲームに費やされている時間の平均は男子が61・1分、女子が30・4分で、やはり男子はゲームにより多くの時間を費やしていることがわかります。

一方、女子が圧倒的に多くの時間を費やしているのがSNSをはじめとしたソーシャルメディアです。ソーシャルメディアを見ることに費やされている時間の平均は男子の36・8分に対して女子は70・9分、ソーシャルメディアに書き込むことに費やされている時間の平均は男子の22・7分に対して女子が40・4分といずれも女子が男子の倍の時間を費やしています。女性に認められる「電子メディア依存」の特徴は、ゲーム依存ではなくソーシャルメディアへの依存です。

思春期の女性にソーシャルメディア依存が多い理由

ソーシャルメディアは、利用者が互いに情報を発信しあうことによって成立する情報伝達の場です。その対極にあるのが、少数の発信者から多数の受信者に対して、おおむね一方向的に情報の発信がおこなわれるテレビ、ラジオ、新聞のようなマスメディアです。ソーシャルメディアの原点と言えるのは、かつて駅などに置かれていた掲示板と言ってもよいでしょう。実際、インターネットを介した交流が始まったころの主流は、インターネット上の掲示板への書き込みでした。

ソーシャルメディアの普及を後押ししたのは、なんといってもスマホの普及です。アメリカのアップル社が現代のスマホの原型となる初代 iPhone を発売したのが２００７年で、その後の10年間でスマホは爆発的に普及が進みました。スマホはとくに難しい設定なしに容易にインターネットに接続できるだけでなく、文章の入力や写真撮影を簡単におこなうことができます。携帯できるパソコンという機能を持つスマホの登場によって、情報発信が格段に手軽なものになったのです。

情報発信の中心となるメディアがＬＩＮＥや Twitter などのＳＮＳで、主に他者とのつながりをつくることを目的につかわれますが、ＳＮＳでのメッセージなどのやり取りをやめられなくなってしまい、スマホや携帯電話を常に気にして手放せなくなってしまう、といった「ソーシャルメディア依存」が現れるようになってきました。

ソーシャルメディア依存の背景には、ネットゲーム依存と同様の「承認欲求」を基盤とした心理状態があり、自分が投稿したメッセージ、写真などに対してどのくらいの人が「いいね」を返してくれるかや、フォロワー（自身の発信を継続的に読んでくれる人）の数に過度にとらわれてしまうことがあります。

ソーシャルメディアでの発信は、やった直後に反応が現れ、行為と結果が直結していて、工夫次第で、「承認欲求」が満たされやすいという環境があります。ネット環境という限定されたシステムにおいて、その空間だけでうまくやれればよいという、ネットゲームの世界と共通した感覚があります。目隠しをして車を運転する動画を配信する、店頭の商品を会計前に食べる、バイト先の冷蔵ケースに寝転ぶ、いじめの現場を撮影するなど、危険行為や不法行為を写真や動画で配信するような行為は、ソーシャルメディア上での承認欲求がエスカレートしたものと考えることができます。

一方で、「ソーシャルメディア依存」には、承認欲求とは少し違った心理状態から起きてくるものがあります。ＳＮＳには即時性が双方に要求されます。発信者は情報をすぐに伝えられるという特性があり、その即時性があるがゆえに、発信者はその反応がすぐに返ってくることを期待します。受け手からすぐに反応が返ってこない場合、自分が発信した情報がまずかったのではないか、最悪、嫌われてしまったのではないかという不安を感じます。また、情報の受け手の立場になると、自分がすぐに反応を返さなかったら発信者が自分に対して嫌な気持ちを感じ、最悪、嫌われてしまうのではないかなどと不安を感じます。

ＳＮＳでのやり取りは、情報の発信側と受け手側の双方が即時性の枠組みの中に捕らわれてしまいます。情報の受け手がメッセージを返信した場合、情報発信が今度は情報の受け手となり、そのメッセージに対して即時に反応を返さなければならなくなります。一度情報を発信すると、このようなやり取りが際限なく続くことになり、不安の心理が連鎖していきます。こうした不安を基盤とした「ソーシャルメディア依存」は、思春期の女性によく現れます。

さきほど、「電子メディア依存」は「電子メディア逃避」だと説明しましたが、「ソーシャルメディア依存」も、「ソーシャルメディア縛り」と呼ぶのがより適切なのかもしれません。思春期の女性にソーシャルメディア依存が起きやすいのは、女性がネットゲーム依存になりにくいのと同じ理由と考えることができます。女性が一対一の関係である社交や特定の人物を重視するという特徴です。前思春期から思春期にかけて友人関係の比重が大きくなっていく際に、男性は「ギャングエイジ」的な仲間関係を深める傾向が強いのですが、女性の場合、さらに一対一の関係を深める方向に進んでいきます。

通常の仲間関係であれば、部分的に「同じ」を共有してさえいれば持続していけますが、一対一の関係を深めていけばいくほど共有しなければならない「同じ」が拡大していきます。それによってお互いが相手に合わせなければいけない部分が大きくなり、その結果相手の考えや行動を過剰に深読みし、相手が自分のことをどう思っているかについての疑心暗鬼が生じやすくなります。

ただ、こうした心理はなにも現代の思春期の女性に特有というわけではなく、昭和の時代も少女たちは家の電話で長電話をして親に叱られていました。変化したのは相手とつながるツールが固定電話や街の赤電話から個人の携帯に移行したことです。固定電話でつながっていた頃は、家にいなければ電話を受けられず、ある程度の通話時間で親が切るように言い、それによって相手とのつながりを中断することができていました。

でも、スマホでソーシャルメディアを使えば、場所や時間とは関係なく、親の干渉もなく相手とつながり続けることになります。大事な友人とはずっとつながっていられる方がよいと考える人も多いかもしれませんが、実際には他の友人や家族とのつながりを深めることも大切ですし、その機会が奪われているのかもしれません。特定の人とのつながりだけで人間関係が限定されてしまうと、関係がぎくしゃくした時に冷静さを取り戻すことが困難になり、関係が破綻してしまうこともあります。

ソーシャルメディアでつながる相手は、学校の友人よりも、SNSを介して知り合った友人である場合が多く、相手のことをほとんど知らずにつき合っているケースが多いのです。

普段から声を掛け合う顔見知りの相手と違って、直接知らないだけに相手への疑心暗鬼が強く、なにかの拍子に行き違いが起こると、そのまま一晩中やり取りを続けた結果、最後はののしりあいになってお互いブロックした、という話を診療の場面でよく聞きます。

スマホによって特定の人とのつながりに、場所的、時間的な切れ目がなくなってしまったことで、かえって人間関係が束縛されやすくなったことが、ソーシャルメディア依存の背景にあると言っていいでしょう。ソーシャルメディア依存は必ずしも不登校と関連しないのですが、女性で不登校のケースではやはりよく見られます。

ちなみにソーシャルメディア依存は、認知機能に影響を与える可能性があることがわかってきています。２０１７年にアメリカで発表された論文では、スマホを机の上に置いておいた場合、カバンの中に入れておいた場合、他の部屋に置いておいた場合の3条件でそれぞれ知能検査などを行っており、他の部屋に置いておいた場合と比べて机の上に置いておいた場合に有意な検査結果の悪化が認められ、カバンに入れておいた場合でさえも他の部屋に置いておいた場合と比べてワーキングメモリー（情報を一時的に覚えておく能力）に関する検査結果が有意に悪化したことが報告されています。

おそらくこれはスマホに自分宛の連絡が来るのではないかと意識することで、その分集中力が削《そ》がれた結果であると考えられています。こういう結果を見ると、常時だれかとつながり続けている世界に人類はまだうまく適応できていないと考えた方がよいのかもしれません。

「電子メディア依存」と薬物依存の対応の違い

「電子メディア依存」といっても「ネットゲーム依存」のように社会活動からの逃避が背景にあるものと、「ソーシャルメディア依存」のように友人関係に縛られた結果であるものとでは、当然、対応の方法も変わってきます。

ネットゲーム依存は社会参加を進めやすくするための支援が、ソーシャルメディア依存はSNSへのリテラシーを高めることがそれぞれ重要な課題となります。依存症への対応なのだから、依存しているものから離すこと、すなわち電子メディアを使えないようにすることが一番重要なのではないかと思われるかもしれませんが、多くの場合はおそらくうまくいきません。

この理由は、薬物依存と「電子メディア依存」の違いを考えてみればわかりやすいでしょう。薬物依存の原因となる覚醒剤や麻薬などは、それらを使い続けると大抵の人が依存症を発症します。つまり原因物質自体に依存性、有害性が高いわけで、まず原因となる物質の摂取を止めることが重要になります。

一方、ネットゲームやソーシャルメディアで、大抵の人は依存症にはなりません。ネットゲームやソーシャルメディアそれ自体の依存性、有害性はそこまで高くないのです。にもかかわらず、依存が生じるということは、ネットゲームやソーシャルメディアが持つ依存性よりも、依存に向かわせる背景にある要因の影響がより大きいと考えられ、仮にネットゲームやソーシャルメディアの使用をやめさせたとしても、背景にある要因はそのまま残るため、結局、他への依存が生じたり、情緒的な不安定さが増加したりすることになります。

このように説明すると、薬物依存があたかも原因物質の影響だけで依存症となるかのようですが、実際、薬物依存においても依存に向かわせる背景要因があるわけで、より正確に説明すれば、「薬物依存においては、相対的に物質そのものの依存性の影響が大きい」というのが正しい説明です。だから薬物依存の治療においても、強制的に薬物の摂取を止めた後には、自助グループへの参加などを通じて依存の背景にある孤立などへの対応が必要になります。

ネットゲーム依存のような社会活動からの逃避が背景にある「電子メディア依存」では、社会参加を進めるための援助が重要であると言いましたが、この援助が不登校やひきこもりへの対応にもなります。逆に言うと、「電子メディア依存」自体への対応はそれほど必要ではない、ということになるのですが、これについては第5章で詳しく説明しましょう。

多くの人がSNSの特性を理解せずに誤用している

多くの人がSNSの特性を理解せずに誤用しており、それがソーシャルメディア依存の背景になっています。ソーシャルメディア依存の社会的対策としても、SNSのリテラシーを高めることが重要になっています。

SNSは、送受信の即時性以外にも、多数に情報を一斉伝達できる同時性と限定された情報量で端的に表現される簡易性を併せ持っています。SNSは、人とのつながりをつくることをそもそもの目的としてつくられたアプリケーションですが、人とつながるために必要な要素は、相互の共通点であり共有できる関心事です。あえて限定された情報量で各自がアピールしたい部分を端的に表現し、それらを多数に発信すれば、共通・共有し得る人を見いだしやすくなります。

このようなSNSの特性は、人とつながるためのきっかけづくりには有用ですが、人との関係を深める上では決定的な欠点になります。人との関係を深めるためにはコミュニケーションを重ね、相手の思いや考えを把握することが必要ですが、人は言葉の内容のみで相手の思いや考えを把握しているわけではありません。言葉の解釈は発声の強弱や抑揚、表情、身振り手振りなどの非言語的なサインによって変わり得ます。また、前後の文脈や状況、さらにはその人のキャラクターによっても同じ言葉が別な意味を持つこともあります。
そうした言葉の背景にある情報を、簡易性が特徴であるSNSで伝えることは大変困難なのです。絵文字やスタンプなどが工夫されていますが、それはそれでその絵文字やスタンプがどういう意図でつけられたのか、結局悩むこととなり、本質的な解決にはなってはいないのです。

実際、SNSを利用している人の多くは、単に人とつながることを目的としているのではなく、つながった人との関係を深めることも当然、期待しています。人との関係を深めるためには情報量の多い、より直接的なコミュニケーションが必要となるはずですが、多くの人はそのままSNSを使って関係を深めようとしてしまうために、情報量の不足から相手の思いや考えがわからなかったり、あるは誤解・曲解してしまったりします。人は目の前に存在する人には共感性を強く発揮することができますが、そうでない対象には共感性を発揮しにくいことが知られています。

実は、共感性にこうした性質があることは通常の社会生活する上では非常に適応的なことなのです。なぜなら、あまりに共感性を発揮しすぎてしまうと、自分が所属する集団と利害が対立する集団に対しても過度に譲歩してしまう結果を招きかねず、所属する集団の存続を危うくしてしまう可能性が生じるからです。

SNSではメッセージのやり取りだけではあっても実際に顔が見える人間関係を超えてつ

ながりができてしまうことになり、ここに共感性の問題が発生するのです。SNSは人とのつながりを際限なく拡散していきますが、一方では、相手が目の前にいない状態でのやりとりは、他者を気遣う気持ちが発揮しにくく、トラブルが生じやすくなります。相手の思わぬ反応に戸惑い、悩み、疑心暗鬼が昂じた時には、相手の反応に過敏・過度に対応し、ある時には遠慮のない誹謗中傷や炎上につながったりもするわけです。2020年5月、SNSで誹謗中傷を受けた22歳の女子プロレスラーが自殺するという痛ましい事件が起こっています。

SNSがあくまでも人とのつながりをつくるためのツールであり、人との関係を深めるためのツールではないこと、関係が深くない人との間では事務連絡以上の用途でSNSを使わないこと、これらがSNSを使う上で絶対に知っておかなければいけない心得です。

人との関係を深めるためにはどうすればよいかと言えば、昔ながらの方法、つまり直接顔を合わせて話すことしかないのです。日ごろから頻繁に顔を合わせている中学生同士がスマホで通信しているのは、余計なことなのかもしれません。子どもにスマホを持たせる保護者は、直接的なコミュニケーションの重要性をしっかり伝えておく必要があります。

「電子メディア依存」と電子メディアの使い過ぎ

電子メディアをどんなに頻繁に使っていても、社会生活の適応性に問題がない状態であれば、それをもって「電子メディア依存」とは言いません。それは単純に好きなことをやっているだけです。ゲームやスマホがあるから勉強をしないのだ、と思っている親御さんがおられますが、それは大きな間違いで、ゲームやスマホのない時代から大多数の子どもたちは好きなことばかりやっていて、自分から勉強なんかしていなかったのです。

ただ、思春期以前の子どもは、自分をコントロールする力が格段に弱いことは考えておかなければいけません。思春期以前の子どもたちは、脳が発達過程にあり、構造的に脳が興奮しやすいことに加えて、周囲から自分がどう見られているかという感覚の弱さもあって、自分の欲求に対する抑えが利きにくいのです。がまんをするという能力は、生得的なものではなく、脳が発達していく思春期までの間に「がまんする練習」を積み重ねることで少しずつ身についていくものです。

その点で、思春期以前の子どもに対しては、「がまんをする練習」の一つとして、電子メディアの使用を制限することも必要であると考えています。とくにネットゲームやソーシャルメディアはやめにくさが強いため、思春期以前にやらせることについては原則的に慎重であるべきだと思います。

また、電子メディアの使い過ぎは、機会損失の問題でもあります。電子メディアを使用することと自体がまったく無益なわけではなく、それらから得られるものやそれらの使用によって身につく力もありますが、一方で限られた時間の中でなにかに多く時間を使ってしまえば、他の事柄に時間を使うことができなくなります。子どもの頃に経験しておいた方がよい事柄は数多くあり、電子メディアに時間を使いすぎた結果、必要な事柄を経験できなくなることの損失を考えるべきです。

機会損失は別にゲームに限った話ではありません。好きなことは熱中し、嫌いなことはやりたがらないのは、子どもとしてふつうの反応であり、テレビでも、マンガでも、サッカーでも、将棋でも、やりすぎてしまえばそれ以外のことができなくなるという点では同じです。「やるべきことはやりなさい」が子どもに対して唯一必要な指導であり、ゲームだけを特別視して制限する必要はありません。

子どもがゲームのルールを守れないのであれば、それに対するペナルティは当然必要になります。その際に注意すべきは、ペナルティを決めるなら確実に実行することと、親の気分で都合よく変更しないことです。これはゲームにかかわらず子育てにおける基本的なルールでもあります。日本では母子関係の距離が近いので、つい子どもに甘くなりすぎたり、逆に感情的に反応しすぎたりしやすいので、この点はとくに注意が必要です。

私は、子どもにゲームをさせないことがよいことだとは考えていません。むしろ、大人は子どもに、ゲームがコミュニケーションツールであることを積極的に教える必要があります。ゲームの真の楽しさは、ゲームの体験を人と共有するところにあります。子どもがゲームを人間関係の一部としてとらえることができれば、人間関係の枠組みによって自らゲームの使用をコントロールできるようにもなるのです。そのためには、子どもが小さい頃から、親が子どもと一緒にゲームをやったり、ゲームの話をしたりすることがなによりも有効です。ゲームには人とかかわることの楽しさが内在されているという経験を家族の中でしておくことで、思春期以降のゲームとのつき合い方が変わってくると思います。

第5章　不登校にどう対応していくか

不登校の要点

さて、ここまで不登校の背景となる思春期の子どもの心の特性と、不登校と共に認められやすい「家庭内暴力」と「電子メディア依存」について紹介してきましたが、ここからは不登校そのものの問題に戻ってみましょう。不登校の要点は、以下のようにまとめることができます。

①思春期における不登校の多くは、強すぎる〈自己〉から生じる「対人過敏性」と大きく関連している。
②不登校のきっかけとなるつまずきはさまざまだが、対人過敏性の高まりが重なることで生じる「気後れ」が不登校の本質である。

③弱すぎる〈自我〉から生じる無気力さも不登校に関連している。
④現代の子どもに多く見られる、強すぎる〈自己〉、弱すぎる〈自我〉は、社会環境の影響が大きい。
⑤不登校における逃避的な心理が、不登校と並行して「家庭内暴力」や「電子メディア依存」として現れることがある。

これらの要素から不登校への対応として一度は考えられるのが、不登校のきっかけとなるつまずきをなくすというアプローチです。

具体的にはいじめを減らすこと、学習面での落ちこぼれをなくしていくこと、不安定な家庭に支援をおこなうことなどが考えられます。これらの対策は国の施策としても実行されており、必ずしも無意味であるとは思いませんが、残念ながらすでに不登校となってしまっている子どもを不登校から回復させることには役立ちません。

きっかけとなるつまずきをなくすという点では、たとえば、友だちとの人間関係が不登校のきっかけとなった場合に、その友だちのいない学校に転校するなどの対応を取ることがありますが、これも多くの場合うまくいきません。転校したからといって友だち関係でつまずいてしまったという事実が消えるわけではなく、そこから生じる「気後れ」も消えないため、転校した先でも「気後れ」の中で学校生活を送ることになるからです。

現在の日本で、一般的に実行されている不登校への対応はおそらく、不登校によって生じた種々の症状を除去しようとするものです。不登校にともなって「電子メディア依存」が生じたり、起立性調節障害をはじめとした身体症状が生じたりする可能性があり、こうしたことを不登校の原因とみなし、それらをなくすためのアプローチをすることで不登校から回復させるという対応です。具体的には、「電子メディア依存」があるからスマホやゲームを取りあげる、起立性調節障害があるから昇圧剤を服用させるなどのやり方です。

ただし、これらが不登校への対応として有効性が低いであろうことはもはや説明の必要すらないかもしれません。この対応が不登校の回復につながらないのは、不登校の背景にある「対人過敏性」や「気後れ」の存在を無視しているからです。仮に多大な時間と労力をかけて「電子メディア依存」や身体症状などを取り除いたとしても（多くの場合、それ自体が極めて困難ですが）、「対人過敏性」や「気後れ」が続く以上は不登校もまた続くのです。

不登校に関連する強すぎる〈自己〉や弱すぎる〈自我〉を変えられるような社会をつくるべきという意見もあるかもしれませんが、社会を変えるような話は不登校への対応としてはあまりに非現実的です。とはいえ、政治家や官僚のみなさんには、今の社会での子どもの有り様を是非とも本気で分析してもらいたいと思います。一つ言えるのは、昭和の時代に回帰するような教育改革がやたらと目につきますが、子どもが抱えている問題の解決にはつながらないということです。必要なのは地域や人とのつながりの再生であり、育児の社会化です。

それではどうしたら不登校からの回復をうまく進めていけるのでしょうか。不登校の経過に沿って、具体的な対応法を考えていきたいと思います。

不登校の経過

不登校のきっかけは子どもによってさまざまですが、その経過は驚くほど似ています。このことからも不登校のきっかけそのものの解消は、不登校から回復させるためにそれほど重要ではないことが暗示されています。きっかけが、回復の成否に影響するのであれば、それは当然経過にも現れてきます。

結論を先に言ってしまえば、不登校への対応は「気後れ」を減らすこと以外にやることはないのです。ただ、そうは言っても不登校の経過の各段階において、それぞれの異なる課題があります。

私自身大変お世話になっている児童精神科医の齊藤万比古《さいとうかずひこ》は、不登校の経過を「不登校準備段階」「不登校開始段階」「ひきこもり段階」「社会との再会段階」の4段階にわけて説明しています（表③）。

「不登校準備段階」は、学校への行きにくさはあっても登校自体はおおむね問題なくできている状態で、多くの場合は事後的に考えてこの段階であったとわかるものです。不登校へ

表③　不登校の経過（齊藤による）

不登校準備段階	葛藤が不可視領域で展開しており、出現する症状があっても、ごく一般的な症状であるため、実際にはほとんどそれと認知できない段階。
不登校開始段階	激しい葛藤の顕在化による不安定さが目立つ段階。
ひきこもり段階	退行と顕著な外界の回避が前景に出る中で、じょじょに余裕を回復しつつ、各ケース固有の葛藤を解決しようとしている段階。
社会との再会段階	不登校状態から抜け出していく回復期。

の対応を考える際に意味があるのは「不登校開始段階」以降です。

この本では厳密さよりもわかりやすさを考えて、齊藤による「不登校開始段階」を初期、「ひきこもり段階」を中期、「社会との再会段階」を回復期として説明をしていきます。

不登校の経過▼初期（不登校開始段階）

不登校の子どもに対応したことがある人にとっては当たり前のことですが、不登校は不登校に対する否認から始まります。一般的には意外に感じられるこの特徴が、初期には現れてきます。

多くの場合、学校への行き渋りや欠席が始まった初期の段階で、自ら学校への行きにくさを訴えることはありません。典型的なパターンは朝の体調不良や起床困難の訴えで、あくまでも「調子が悪かったから学校に行けなかった」と主張します。この段階で「学校に行きたくないのではないか」と子どもに尋ねても間違いなく、「学校には行きたい」と答えます。実際、登校前日の夜は登校に向けてしっかりと学校の準備をします。

ところが結局、朝になると起床困難や体調不良を訴えて登校できず、午後になって目が覚めたり体調がよくなったりしたら登校するのかといえば、それもしません。ここが単なる寝坊や体調不良での登校できなさとの決定的な違いです。

子ども自身が「学校には行きたい」と言うのだから、朝、無理に起こしてみたらどうなるでしょうか。まったく無反応で起きないか、攻撃的に反応するかのどちらかです。子どもは起こされることに徹底的に抵抗を示します。間違っても起こしてくれた親に「起こしてくれてありがとう」と感謝することはありません。なんとか支度させて、車で学校まで送ろうとしても強く抵抗します。

ここまであからさまに学校への行きにくさを態度で示してもなお、子どもは「学校には行きたい」と言い続けるのです。不登校の初期、このような「不登校に対する否認」が生じるのは、不登校の本質が「気後れ」にあるからです。「気後れ」は自分のうまくいかなさから、「自分が周囲よりも劣っている」と感じることから生じるものですが、心の中ではそう感じるものも、それを認めたくないという感覚も同時に生じます。

子どもに周囲からの目を意識させ、「気後れ」を生じさせている〈自己〉の強さ（他者からどう見られているかと意識）が、自分のあるべき姿（「学校は行くべきである」という社会通念）を強く意識させ、「学校は行くべきである」という観念の方がより強く意識されるため、「気後れ」が心理的に抑圧され、子どもに学校への行きにくさを否認させるのです。

このように不登校の初期には、不登校への心理的な否認が働いている背後で、「気後れ」と「学校は行くべきである」という観念との間で激しい葛藤が起きていて、子どもにとってこの時期は大変苦痛の強い時期になります。だからこそ、この時期にさまざまな身体症状や強迫症状などが生じてくるのです。

「気後れ」という心理に少し解説を加えると、「気後れ」する対象はじょじょに拡大していき、対象が拡大していく過程で対象の抽象化が進んでいきます。その際に、具体的な対象から勉強も運動も友だち関係もすべてがうまくいっている理想化された同年代像をイメージしていきます。「気後れ」の正体は「いい子コンプレックス」からくる不安であり、「いい子」に対する心理的な執着が比較対象の理想化を引き起こすのです。

事態を複雑にするもう一つの否認があります。子どもの不登校に対する親の否認です。子ども自身が「学校は行くべきである」という観念を持っているのと同じように、親も「学校は行くべきである」という観念を持っています。

現代の親、とくに母親の多くは、非社会化した育児（50ページ参照）の影響を受けて、育児によって自分が周囲から評価されるという感覚を強く持っています。子どもが不登校になると自分の育児が否定されたと受け止め、とても受け入れがたい気持ちになるのです。実際、夫や夫の両親からそのように責められることもしばしばあり、それが母親の否認をより強めてしまいます。

不登校を否認したい親にとって、子どもが訴える体調不良や起床困難を理由とした学校への行けなさの方が受け入れやすいストーリーです。それが、身体症状などを取り除くことで不登校状態から回復させようという対応になります。

教師の側にも不登校に対する同様の否認が働くことがあります。なぜならば「学校は行くべきである」という観念をだれよりも強く持っているのが、教師に他ならないからです。教師の中には不登校という現象自体を否定する人もいます。子どもが「学校に来られない理由などない」と考える教師は、子どもの訴える体調不良や起床困難が「学校へ行けなさの理由」というストーリーに乗ってしまうのです。

実は、初期の段階で、不登校を特徴づけるもう一つの重要な心理が現れてきます。それは「気負い」です。比較対象としての理想化された同年代像が「気後れ」に拍車を掛け、ただでさえ学校に行くのが苦しいところに、学校でだれよりもうまくやらなければという感覚がつけ加わってきます。

遅刻や欠席が増えている状況で、ふつうに授業に出て勉強をこなすだけでも大変なのに、こうした「気負い」があるために無理してそれらをこなそうとします。「気負い」の始末が悪いのは、無理な目標設定をして結局、それを達成できないことによって、さらに「自分が周囲よりも劣っている」と感じて「気後れ」を強めてしまうことです。「気負い」によってうまくいきにくい状況をつくり出して「気後れ」を強め、それがさらに「気負い」を強めるという悪循環が生じることで、不登校はどんどん悪化していきます。

初期の不登校への対応

子どもが学校に行き渋る時に、親としての常識的な対応は、学校に行くよう促すことです。そうした対応でなんとか学校に行けるのであれば、それをそのまま続けるのが最善の方法です。その内に状況が変わって子どもにとって負担になっていることが軽くなれば登校の不安定さも改善するかもしれません。ただし、登校の促しを続ける中でじょじょに登校が不安定になっていくようであれば、その後は不登校としての対応が必要になります。

不登校の初期の対応は非常にシンプルです。この段階でやるべきことは、とにかく不登校を周囲の関係者が受け入れるということにつきます。不登校の初期において子どもが苦しいのは「学校は行くべきである」という観念によって自身の不登校を受け入れることができず、無理を重ねていくからです。

子ども自身が率先して不登校を受け入れることは困難ですから、親や教師といった周囲の人たちがまず子どもの不登校を受け入れ、子どもに対して「この状況で学校に行くのが苦しいのは当然だから、無理して学校にちゃんと行こうとする必要はない」とくり返し伝えることです。

くり返し伝えると言ったのは、子どもの「不登校への否認」が強いほど、周りがいくら学校に行かなくてよいと言っても容易には受け入れられないからです。子どもが学校に行けなくなった時、「行けなくて当然。苦しいって言ったでしょ」「休んだ後は行くのが気まずくなるよね」など、そのつど学校に行く（行けない）苦痛を子どもに代わって言語化して伝えます。これが有効な対応になります。こうした対応によって、不登校に影響している子どもの強すぎる〈自己〉を和らげていきます。

不登校への対応なのに、これでは積極的に不登校にさせていることになりますが、それこそがよい方法なのです。不登校の経過において、不登校の初期が子どもの苦痛が強い時期で、この段階が長引くとそれだけ心理的な後遺症が残ってしまいます。逆にこの初期を速やかにやり過ごせれば、つぎに来る中期を短期化できたりします。より早期の段階で、子どもと周囲の関係者が不登校という事態を受け入れられれば、中期を飛ばしてそのまま回復期に移行させられる可能性もあります。

ただ、不登校の受け入れができたとしても、回復への過程をスムーズに進めていくためには、不登校がなかったことにはならない、という認識を持っておかなければなりません。いったん不登校の心理が生じてしまったら、それをなかったことにして、何事もなく学校に行ける状態を回復することはできないのです。

不登校の初期に隠れた精神疾患の鑑別

不登校の初期において注意が必要なのは、隠れた精神疾患の鑑別です。不登校のきっかけの中には、うつ病や統合失調症などの精神疾患もあります。思春期というのはこうした精神疾患が発症しやすい時期でもあるのです。

とくにうつ病に関しては、有病率が児童期で0・5～2・5%、思春期で2・0～8・0%と言われており、子どもでも決して珍しい疾患ではありません。大人のうつ病では強い気分の落ち込みを自覚し、意欲も下がって動くに動けなくなるというのが典型的な症状ですが、子どものうつ病の場合、あまり落ち込みを訴えない代わりにイライラした様子が目立ち、意欲が下がっても全く動けないほどにはなりにくいという、大人で見られるうつ病とは少し違った特徴があるため、一見してわかりにくい場合が多いのです。

人間関係の問題、学習の問題など、不登校と関係していそうなきっかけが見当たらないにもかかわらず、比較的短期間の経過の中で不登校が進行していく場合、精神疾患の発症も考慮すべきだと思います。実際のところ、周囲の関係者が正しく対応しているのであれば、不登校の対応そのものを医療機関でおこなう必要はないはずなのですが、不登校が精神疾患によるものであるかどうかを判断するために、初期の段階で精神科への受診はあってもよいのではないかと思います。

もし、精神疾患が不登校の背景にあった場合、まずは精神疾患の治療が必要になります。ただ、精神疾患の治療が終わったからといってスムーズに学校に戻れるわけではありません。くり返しになりますが、不登校においてきっかけ（精神疾患だとしても）を解消することは、あまり意味を持たないのです。実際に「気後れ」を感じていれば、精神疾患の改善後には、引き続き不登校としての対応をおこなわなければならないのです。

不登校の経過▼中期（ひきこもり段階）

中期の状況は、初期をうまく切り抜けられたかどうかによって大きく変わってきます。ただ、いずれの場合でもこの時期を齊藤万比古が「ひきこもり段階」（126ページ参照）と呼んだように、この時期に共通して現れる特徴は子どもが学校に行くことをあきらめてひきこもることです。

周囲が不登校を受け入れた場合でも、受け入れなかった場合でも、どこかの段階で子どもは自分が学校に行くことができないということを受け入れていきます。そうなるとこれまで見られていた「気負い」が薄れ、そもそも学校に行こうという行動そのものが見られなくなります。具体的には、それまでやっていた学校に行く前日の準備をしなくなり、勉強もしようとしなくなります。むしろ積極的に学校を避ける行動が増え、生活リズムの逆転やゲームなどへの没頭が見られるようになります。「電子メディア依存」はこの時期に見られる典型的な行動です。

中期に子どもの心の中で起きていることは、「気後れ」が極限まで強くなった結果として、もはや勝ち目のなさを悟って自分を周囲と比較することをあきらめ、その状況から逃避しようとしているのです。この時期は必然的に社交不安も強く現れるため、登校に限らず外出を避け、ひきこもりの状態になっていきます。

この時期は学校に関する刺激さえ加わらなければ比較的穏やかに過ごせる一方で、学校に関する刺激が加わると精神的な不安定さが非常に高まります。ただ、初期と違ってもはや「不登校への否認」が働かなくなっているので、より直接的な形で精神的な不安定さが表現され、その一つとして「家庭内暴力」が現れます。

ところで、不登校の初期で周囲が不登校を受け入れた場合と受け入れなかった場合で、中期にどのような違いが生じるのでしょうか。この違いは〈自我〉（自分が自分をどう思っているか）の強さによって変わってきます。

不登校においては強すぎる〈自己〉（他者評価への過度の依存）と同時に弱すぎる〈自我〉（自信の乏しさ）もリスクになります。不登校の初期にできなさを経験すればするほど、〈自我〉を弱める方向に作用し、無気力さ、ひいてはひきこもり傾向を強めることになります。これが心理的後遺症として後々まで影響を及ぼします。

不登校の初期に不登校を周囲が受け入れることで、子どもの強すぎる〈自己〉を弱めることができれば、ある程度〈自我〉の強さを残したままで中期に移行させることができます。それによって中期におけるひきこもり傾向は全体に弱まることになり、その分回復期への移行を進めやすくなります。

中期での不登校への対応

一般に不登校への対応として、「強い登校刺激を与えない」ということがよく言われますが、これは中期においてもっとも留意しなければならないことです。中期は強い「気後れ」からくる葛藤から逃れるためにひきこもりの状態に入っているのであり、再び学校を意識させるような刺激を与えると葛藤が再燃し、初期の不安定な心理状態が戻ってきてしまうのです。

登校刺激としてよく見られるのは、「学校に行きなさい」「勉強しなさい」「進学はどうするの」など、学校を意識させるような発言や、教師が家庭訪問することなどです。学校が保護者に対して、子どもに学校に行くかどうかを毎朝確認させ、登校しないなら電話連絡するように指示し、子どもが直接電話するように指示する学校もあります。

不登校の子どもに対してこれほど強い登校刺激を課すのは、不登校への対応としては最悪です。学校がこうした対応をおこなう背景には、子どもが学校に行かない原因を親のネグレクトと認識していることもあり、最近は虐待の問題に学校も敏感になっているため、安否確認の意味でこうした対応が取られているのだとは思いますが、不登校の本質を理解しないあまりに配慮のない対応であると言わざるを得ません。

登校刺激だけでなく「きちんとやる」「みんなと同じようにやる」といった世間一般を意識させるような発言もまったく同じ理由で厳禁です。実際には、不登校の中期の状態にある子どもに対して「朝はきちんと起きなさい」「夜は早く寝なさい」という助言や指示をすることが相談機関でも家でも非常に多いと思いますが、こうした助言や指示は絶対にやってはいけないことの最たるものです。

「朝はきちんと起き、夜は早く寝る」という生活を指示することには、「みんなと同じようにやるべきことをやる」という指示が含まれています。そもそもそうした状況から逃れるために昼夜逆転した生活をしているわけですから、こうした指示は事実上の登校刺激となってしまうのです。言った側がそういう意図でなくても、言われた側はそう感じるのです。

中期に登校刺激を受け続けると、初期で周囲が不登校を受け入れなかった場合と同様に〈自我〉が弱まり、無気力さやひきこもり傾向が強まっていきます。この状況が持続すると、高校卒業の年齢をすぎても、ひきこもり状態を回復することができなくなります。

ひきこもりが重大なのは、不登校では「気後れ」で済んでいたのが、ひきこもりの状態では実際に能力の遅れが生じることです。ひきこもりの状態が続けば、その間の社会経験が止まってしまうため、周囲との相対的な社会的能力の差が生じてしまうのです。

しかも、子どもの頃に経験すべきであった社会活動を成人後にやり直すことは事実上不可能で、いざ社会参加を考えても生じてしまった社会的能力の差を埋めるすべがないため、社会参加が非常に困難なものとなってしまうのです。こうしてひきこもりは長期化、永続化してしまうことになるのです。

不登校からひきこもりに移行してしまう可能性があるのがわかりながら、子どもに対してできることが「登校刺激を与えない」ことだけ、というのはあまりに切ないことです。もちろんそんなことはなく、他にもやるべきことはあります。

1、不登校の中期の子どもへの対応で極めて重要なこと

それは子どもの〈自我〉を強めることです。〈自我〉は自分がやろうと思ってやったことがうまくいけば強まり、うまくいかなければ弱まります。不登校となってしまっている時点で、学校に行くということがうまくいっていないわけで、それによって子どもの〈自我〉は少なからず弱くなっています。〈自我〉が弱くなっている状態ではなにをやるのも消極的と

なるので、当然、再登校にもつながりにくくなっています。

だからこそ、不登校の中期の時点で、子どもの〈自我〉を再登校が可能な程度にまで強めておくことが、回復期につなげるためにどうしても必要なのです。〈自我〉は自分がやろうと思ってやったことがうまくいけば強まります。周囲の関係者がやるべきことは、子どもがその時点でやっていることを積極的に肯定し、うまくやれていると認識させることです。

おそらく中期の時点で子どもがやっていることは、逃避的にやっているネットゲームや動画鑑賞などですが、それすらも肯定的に認めることが必要です。ネットゲームが理由で学校に行けないわけではないのですから、子どもが現在やっていることを〈自我〉を強めるために利用することはとても有益です。「なにもできないよりはなにかやれている方がよい」と子どもを承認することは有効で、さらに子どもがやっていることに対して積極的に興味を持ち、一緒に楽しむことができればなお効果的です。どんなことであれ知識や経験が積みあがれば、それによってできることが増えていくので、そのことによっても〈自我〉を強くしていける可能性があります。

ただし、気をつけなければならないのは、子どもになにかをやらせようとして、「しなければならないことを設定する」ことです。あくまでも子ども自身がやろうと思ったことでなければ〈自我〉を強めることにプラスにならないのです。仮にしなければならない課題をうまくこなせたとしても、言われたことをやったというだけでプラスマイナスゼロにしかならず、うまくこなせなければマイナスになってしまいます。子どもが自分からやろうと思ったことであるからこそ、うまくこなせたときにプラスの評価を自分に与えることができるのです。

ただし、親が子どもの負担にならない範囲で、行動を提案することは意味があります。一緒に散歩に行くことや旅行に行くことなどです。その提案に乗ってくれるかどうかはわかりませんが、〈自我〉が少し強くなっているタイミングであればチャンスはあるかもしれません。提案に乗ってきてさえくれれば、子どもの行動を肯定的に認める機会になります。ただ、その際、登校刺激にあたるような、やるべきことや、世間一般を意識させるようなことを提案するのは当然厳禁です。

2、親がやっておくべき復学や進学の準備

親が復学や進学の準備をしていることを子どもが知ってしまえば、登校刺激がかかって不安定な状態になるので、子どもには見えないところで進めておきます。具体的には学校との間で復学への道筋を打ち合わせておくことや、進路として考えられる学校の資料などを請求しておくことです。回復期でもっとも重要なのはタイミングです。回復期が来たタイミングですぐに復学や進学の方向性を子どもに示せるように準備を整えておくことが必要なのです。

不登校で怖いのは、その期間における経験不足によって社会的能力が伸びなくなってしま

うことです。不登校の間でも、社会的能力をある程度高めておけるのであれば、不登校からの回復が容易になります。

実際、不登校となった年齢が遅いほど、不登校からの回復はしやすくなります。不登校になるまでの期間にある程度の社会経験を積んでおり、そこで培った社会的能力を不登校からの回復において役立てることができるからです。

不登校であっても、仲のよい友人として「気後れ」を感じずにかかわりを持ち続けられる場合がしばしばあります。相手のことをよく知っているほど疑心暗鬼に陥りにくいからです。不登校であっても友人などとの交流が続いている場合、友人との交流を通してある程度の社会経験を積むことができるので、不登校からの回復についてもやや楽観的に考えてよいと思われます。また、不登校であっても習いごとなどには行けていて、そこで家族以外の他者とかかわれている場合も、そこで社会経験を積むことができるので、不登校からの回復を楽観的に考えてもよいでしょう。

きょうだいへの対応

子どもが不登校になった時に親御さんが意外と困るのが、不登校になった子どものきょうだいへの対応です。不登校の初期・中期で子どもの不登校を親が受け入れて学校を休むのを認めると、きょうだいも学校を行き渋ることがしばしば見られるからです。

もちろん、きょうだいの方もなんらかの問題を抱えていれば、不登校になった子どもの影響で家庭内の不安定さが増すことで、きょうだいにも不登校の傾向が強まる可能性が出てきます。また、そもそも子どもたちが学校に行く大きな理由は、「みんなが行っている」からという同調性であるため、きょうだいが学校に行かないことを許されることになると「みんなが行っている」という前提が崩れてしまいます。子どもが勉強、部活、友人関係などで、意欲や目的意識を高く持てているのであれば、きょうだいの不登校の影響も少ないのでしょうが、同調性が学校に行く理由のほとんどであれば、確実に強い影響を受けることになります。

そこに加えて、というよりはこちらの方がより大きく作用しているかもしれませんが、きょうだい間における親の愛情の取り合いという要素もかかわってきます。もともときょうだい間では親の愛情を巡るライバル関係があり、親の愛情に関しては年少者も年長者も関係なく公平さを求めます。

子どもが不登校になれば、その子どもに対しては不登校状態を改善させるために親が結果として密にかかわることになり、その結果、不登校になったことで親により多くかかわってもらえる、言い換えれば愛情を多くかけてもらえるという状態がつくり出されてしまうことになります。そうなれば他のきょうだいにとっても同様に不登校になることが不公平感を是正するための極めて有効な戦略になります。

子どもが学校への意欲や目的意識を強く持っている場合や、精神的な自立が進んでいて学校生活や人間関係などでの家の外での足場がしっかりできている場合には、きょうだいの不登校からあまり影響を受けませんが、小学生のように親への依存度が高い場合には強く影響される可能性が高くなります。

子どもが不登校になった時には、きょうだいが親の愛情を巡る不公平さを感じる可能性があることを踏まえて対処する必要があります。不登校になった子どものきょうだいが言う「学校に行きたくない」の本当の意味は「もっと私を見て」なのです。具体的には、きょうだいに対してもそれぞれ個別に一緒に過ごす時間やコミュニケーションの機会を意識的に増やしてください。ただし、子どもはどうしても母親に対して愛情を求めがちで、母親にかかる負担が非常に大きくなります。父親や、可能であれば他の親族もできるだけ協力して対応していくのが重要になります。

不登校の経過▼回復期（社会との再会段階）

不登校の経過に段階があることを紹介してきましたが、回復期が来るタイミングは大体決まっていて、多くの人で共通しています。逆に言うと、そのタイミング以外で不登校から回復することはほとんどありません。これも非常に意外なことに感じるかもしれませんが、不登校になった時の心理がそのまま不登校を回復に導く原動力になるのです。

そもそも不登校の心理の根幹をなしているのは「気後れ」でした（57ページ参照）。「気後れ」をつくり出す対人過敏性は、不登校の経過を通じて常に子どもの心を支配し続けます。それを感じにくくするために、中期ではひきこもりという選択を本人がするのですが、それでも完全に周りの人を気にしないわけにはいきません。周りを見ないようにしているというのは、むしろずっと意識していることと同じことなのです。

「周りの人を気にする」と言いましたが、この時期での「周りの人」は、現実の同級生や友人ではなく、もはや理想化された同年代像に置き換わっています。「気後れ」の対象が拡大していく過程で、具体的な人から理想の同年代像へと比較対象の変化が起きると説明しましたが（129ページ参照）、日本では画一的な教育システムによって、この年齢ではなにをするかが直線的に決まっているので、理想化されているのと同時に、極端にステレオタイプ化されています。

このステレオタイプ化された同年代像を強く意識しやすいのが、いわゆる節目の時です。ニュース、ドラマ、アニメなどで決まりきった描かれ方をするのも少なからず影響しているのでしょうが、節目の時は、同年代像をより具体的にイメージしやすくなるために、同年代像を強く意識すればするほど、その同年代像に合わせるべきだという感覚も強くなります。

この感覚こそが不登校を中期から回復期に導く原動力となります。

もちろん、この感覚の背景にあるのは、同年代への「気後れ」を生み出した根源である強すぎる〈自己〉なのです。節目の時をあげてみましょう。

1、学期や年度の変わり目

学期や年度の変わり目は、節目としてある程度意識はされます。ただ、節目の機能としてはあまり強くは作用しないので、通常の学期替わりのタイミングや年度替わりのタイミングでは、少し動きは出るものの実際には動ききれないことがほとんどです。だから中1から中2にあがるタイミングや高1から高2にあがるタイミングで不登校から回復するというのはないとは言いませんが、残念ながらあまり望めません。

2、受験の時

なんといっても一番意識される節目は受験で、中2から中3にあがるタイミングは不登校状態にある子どもにかなり強く意識されます。自分の肩書が「中学生」から「受験生」に変わるくらいの大きな変化であるので、意識しないはずがないのです。ちょうど1月から3月の時期に入試や卒業式の話題がテレビなどで盛んに流されるのも受験を意識することに大きく影響します。4月を過ぎても中3の間は常時受験が意識されるので、4月のタイミングだけでなく、各学期の変わり目や年が変わる1月も節目となりえます。

さらには受験が終わった後の中3から高1にあがるタイミングも自分の肩書が「中学生」から「高校生」に変わるため、ここも大きな節目となります。

同様の理由で高2から高3にあがるタイミングとそれに続く1年間、そして高3から大学・短大・専門学校などに進学するタイミングも節目として大きく作用します。

3、20歳と22歳

18歳を超えると、そもそも不登校という概念から外れてしまい、実際にはひきこもりに移行してしまうことになりますが、20歳と22歳という節目が残っています。

20歳は成人となる年齢で、肩書が「子ども」から「大人」に変わります。さらに20歳は成人式などの実際に参加を考えなければいけないイベントもあり、同年代を意識しやすいタイミングです。

今後、成人年齢は18歳となるので、20歳の節目としての機能はやや弱まっていくことが予想されますが、それでも20歳は数字の切りのよさという意味でも節目として作用するので、成人年齢が18歳になっても完全に節目としての機能がなくなるわけではないのではないかと思います。数字の切りのよさなんてものに意味があるのかと思うかもしれませんが、多くの人は1の位が0の年齢を節目として強く意識しますし、確かに肩書も「10代」から「20代」

に変わるのです。

一方、22歳はとくになにかのイベントがあるわけではないのですが、ストレートに四年制大学に進学した場合に卒業して就職する年齢です。肩書も「学生」から「社会人」に変化する点で、これまで見てきた節目としての特徴も備えています。

このように考えていくと、22歳を過ぎてしまうとその後節目というのはあまりなくなっていきます。25歳や30歳などの数字としての切りのよい年齢はありますが、同年代がそろって変化する節目の時は多くの会社員が定年となる60歳まで来ないのです。このこともひきこもりが長期化、永続化しやすい大きな理由となっているのだと思います。

不登校を回復期に進ませるために必要な条件

不登校の回復においてはタイミングを計ることがなんといっても重要ですが、それだけではまだ足りません。不登校を回復期に進ませるために必要な条件があと2つあります。

1、心の準備

心の準備というのは子どもの〈自我〉が十分に強まっているかどうかです。不登校の中期における子どもへのかかわりの中で子どもの〈自我〉が強まっていれば、節目の時に合わせてなにかができる感覚が強まり、実際に再登校につながっていきやすくなります。

2、進みやすい道

実際に進んでいくための道があまりにも険しくつらい道であれば、結局進めなくなってしまいます。進みやすい進路が必要なのです。進みやすさという点では「気後れ」や学習の遅れがあっても進めそうで、かつその道を進んでいくことでつぎのステージに到達できる見通しを立てられる道を用意する必要があります。

中学から高校に進学するにあたっては、通信制高校や単位制高校など、通学や集団活動の負荷が少なく、不登校傾向があってもこなしやすい学校があります。全日制高校にこだわらないことは重要なことです。しばしば、子どもの側が全日制高校にこだわることがあり、とくにもともと過剰適応傾向が強い人や成績のよかった人では、レベルの高い全日制高校への進学を強く希望する場合もあります。それでも、もしその子どもに「気後れ」や「気負い」が非常に強く表れていると感じられたら、通信制高校や単位制高校を強く勧めてあげた方がいいでしょう。

回復期の不登校への対応

では、不登校の子どもが中期から回復期に移行しようとしているのを、親はどのようにして判断することができるのでしょうか。一番わかりやすいのがそれまで避けていた学校や進路の話をし始めることです。その時点ではっきり学校に行くと言わなくても、学校や進路に関連した話であればどんなことでも、回復期への移行の徴候ととらえてよいでしょう。直接学校や進路の話をしなくても、普段やらないようなことや今までやっていなかったことをやろうとするのも回復期への移行の徴候ととらえられます。なにかをしようという気持ち自体が〈自我〉の強まりを表しているからです。

回復期における対応も基本的には極めてシンプルです。「学校への行きにくさを減らして行きやすさを増やす」ということにつきます。別の言い方をすると、子どもが学校に行くにあたってがんばらなければいけない状態ではなく、がんばらなくても行ける状態をつくることです。子どもをここでがんばらせてはいけないのです。

回復期において子どもをがんばらせてはいけないのは、一度不登校になった子どもにとって学校に戻ることは想像を絶するほど大変なことだからです。私自身、不登校の子どもを多数診療してきましたが、回復期をスムーズに超えられたケースは数えるほどしかありません。

少し学校に行けるようになったかと思えばまた行けなくなり、少し長くいられるようになったかと思えばまたいられなくなりをくり返しながら進んでいくのが通常の経過です。

不登校の回復期における大変さの根幹をなすのが「気負い」です。不登校の初期において、「気負い」によって無理な目標設定をして結局それを達成できないことでさらに「気後れ」を強めることになることを紹介しましたが、回復期でもまたそうした状況が生じてしまうのです。

回復期でも、子どもが周りの人を意識してしまうことに変わりはありません。周りの人を意識して、「自分も同じようにできるかもしれない」「同じようにやりたい」と思えるようになったからこそ、回復期に進んでいくのですが、それがゆえに学校に戻るとなれば、周りの人と同じようにちゃんとやらなければいけないというプレッシャーや、うまくできなかったらどうしようという不安を感じてしまいます。

実際、クラスメイトはそこまで「理想的な」学校生活を送っているわけではないのですが、不登校の子どもが比較する対象は「理想化された同年代像」ですから、自分の行動をその高いハードルを越えるように合わせていかざるを得ないのです。

現実的な問題として、不登校の期間にできてしまったブランクを埋めていくのは簡単なことではありません。学習の遅れはもちろんのこと、クラスメイトとの関係を再構築することもなかなかに大変なことです。たとえば、どうして学校に来なかったのかをだれかに聞かれた時にどう答えてよいかを考えただけでも学校に行くのに気が重くなってしまいます。そのような状況で、復帰直後から学校生活をきちんとやるというのはまず無理なことです。それでも回復期の子どもは、それをやろうとするのです。

大抵の子どもは学校に行くことそのものをがんばったりはしません。朝、目が覚めれば多少面倒くさいという感覚があるにしても、時間が来れば家を出て自然と学校に足が向き、学校に行くかどうかを葛藤することなどないのです。

一方、不登校の子どもは学校に行くかどうかの時点で日々葛藤し、行ったら行ったでどのように過ごそうかを葛藤しているのです。同じように学校に行っていても、不登校である子どもとそうでない子どもでは精神的な負担感がまるで違うのです。がんばらないで自然と学校に行っている子どもと、必死にがんばってなんとか学校に行っている子どもでは本来勝負になっていないのです。

学校に行くことをがんばらせないのであれば、回復期にも学校に行かせない方向性で対応すればよいのかというとそうではありません。初期や中期と回復期の違いは〈自我〉の強さです。回復期においては単に学校に行かなければいけないという思いだけでなく、本当に学校に行きたいという気持ちが高まっているのです。子ども自身が学校に行くことを望んでいる以上、回復期においては親としても学校に行かせることを目標として対応する必要があるのです。

そこで大事なのが「学校への行きにくさを減らして行きやすさを増やす」という方針なのです。「学校への行きにくさを減らして行きやすさを増やす」ということを考えた際に、まずはなにが学校への行きにくさになるかを推測することが重要です。登校再開の時点で本人に行きにくさを質問しても、明確な答えが返ってこない可能性が高いのです。不登校の子どもは、学校でだれよりもうまくやらなければという「気負い」が出やすいのを忘れてはいけません。

これは不登校からの回復の成否を直接左右するくらい極めて重要なことですが、親や教師が学校への行きにくさになりそうなことを推し量った上で、それらを最初から取り除いた登校の仕方を提案する必要があるのです。学校とは行かなければならない場所ですから、ちゃんとやらなければと思っている子どもの側から積極的に負担を減らしてくれとは言えません。学校の行き方についての決定権を持っているのは教師ですから、とくに教師から負担の軽減を提案することに非常に大きな意味があるのです。

学校復帰にあたって一番の行きにくさになるのが「気後れ」で、「気後れ」は普段顔を合わせるけれどもかかわりのうすい人に対して強く感じます。どんなに配慮してクラスに仲のよい友人を集めても、そうでない人が1人でもいれば、クラスには入りにくくなってしまいます。その点を考慮すれば、学校復帰の初めからクラスに戻すのは学校復帰のハードルを高めてしまいます。

理想的なやり方は他の子どもが出入りせず、かつ通常の導線において他の子どもがあまり通らない場所にある部屋で過ごさせてあげることです。それが無理であれば保健室や相談室などを利用する方法が選択肢となります。実際はこのパターンが一番多いと思います。

「気後れ」が強く出やすい子どもだと、そもそも他の子どもがいる時間帯に学校に行くこと自体がつらいということもあるので、その場合は放課後登校ということになるでしょうし、勉強をするのは抵抗があるが部活は参加できそうなら部活だけの参加ということもありでしょう。

いろいろ工夫しても学校に行くのがつらい場合は、教育委員会が教育センターなどに開設している適応指導教室を利用する方法も考えられます。民間でやっているフリースクールなどに行っている場合も、校長の判断で出席と同等の扱いとしている学校もあります。学校への出席とみなされないにしても塾や習いごとであれば行けるのであればまったく悪くはありません。

方向性としては学校復帰を目標としつつも、子どもが実際にどのくらいできるか、どのくらい自信を持てているかなどを考え、そうがんばらなくてもこなせそうな現実的なラインをまず設定してあげることが重要です。そこで足場を固めてから段階的に負荷を強めていくことになるのです。

回復期でも〈自我〉を強めるためのアプローチは有効です。回復期には登校に限らず子どもがなにかをやってみようとすることはしばしば見られるので、そうした行動を肯定的に評価し、実際に実行できるよう後押ししてあげるのは間接的ではありますが不登校への回復に役立ちます。

また、夢や憧れを持つことは〈自我〉を成長させるのに効果がありますが、これを利用することも重要です。教師や支援者が子どもとの信頼関係を強めていく中で、子どもに「この人のようになりたい」と思わせることができれば、その分〈自我〉が強まり不登校からの回復をスムーズに進めやすくしてくれるでしょう。また、先々このようになっていくというイメージも同様の作用があるので、将来のことをイメージさせるような話をしていくことも役に立つかもしれません。

学校復帰のスタートがうまく切れたとして、どの段階から負荷を強めていってよいかも悩みどころだと思います。「気負い」がある中での学校復帰となるので、ほんの数時間学校にいただけでも結構な精神的疲労が生じてきます。そうした精神的疲労が和らいでくれば、その程度の負荷には十分耐えられるようになってきたということなので、その時点で登校する日数を増やす、学校にいる時間を延ばす、学校にいる時にやることを増やすなどを本人に提案するのがよいでしょう。実際できそうかどうかは本人の意向を重視するべきですが、その際にも「気負い」が働く可能性を考えて、少しブレーキをかけた提案にしておくのがコツです。

そして負荷を強めてみた結果、うまくいかなそうであれば、その時はすぐに一つ前の段階に戻します。負荷を強める前にあらかじめそのように子どもに対して宣言しておいた方がよりよいでしょう。ここで重要なのは試行錯誤なのです。不登校からの回復においてはそもそも直線的にうまくいくことなどなく、行きつ戻りつしながら回復に向かって少しずつ進んでいくものだという認識を親も教師も、そして子ども自身も共有できるようにしていくことが重要です。そして、周りの人とはまったく違うペースで学校生活を送ることを意識させ、周りと比べる必要がないことを子どもにくり返し伝えることも必要なことです。

子どもが少しでもうまくいくと、親はうれしさからついもっとがんばるように言ってしまいがちですが、そこは気持ちを抑えてマイペースにやるよう子どもに伝え続けます。その点で親には忍耐力や演技力が必要となるので、実は結構ストレスがかかります。場合によっては親自身がカウンセリングなどで気持ちを整えていくことも必要となるかもしれません。

不登校からの回復のタイミング

不登校の子どもを一生懸命支援している教師のみなさんは、心外に感じられるかもしれませんが、実際のところ不登校になった学校に在籍している間に不登校から完全に回復することはほとんどありません。仮に復学が進んでいったとしても、不登校となっていた事実そのものは消えず、その学校に在籍している限り、自分が周りの人に後れを取っているという「気後れ」の感覚が常につきまとうのです。

とくに中3で進学を控えた時期、教師が進路指導を意識しすぎて元の学校生活に戻そうというプレッシャーを子どもに掛けてしまうことがしばしばあります。教師の強い責任感がそうさせるというのは十分理解できるのですが、ゴールは在籍中の学校への完全復帰ではありません。学校復帰への過度の負荷は不登校からの回復を挫折させる危険があります。

「気後れ」が消えなければ不登校から回復しないとなると、不登校から回復する時期は在籍していた学校を卒業してつぎのステップに進んだ時ということになります。中学校で不登校であれば高校入学、高校で不登校であれば大学、短大、専門学校などへの入学のタイミングです。その時点ではゼロからスタートすることになるので、よいスタートを切ることができればもはや「気後れ」を感じなくても済むようになります。

もちろん、スタートを切る段階ではまだ「気後れ」が完全に解消されてはいないので、実際には「気後れ」にともなう不安や「気負い」は残っているでしょう。それでも、少なくともつぎのステップに進めたということでの周りの人との対等感は少なからず持てるようになっていることが多いため、このタイミングで回復できる可能性が高まるのです。つぎのステップである程度の期間うまくいく状況が続けば、「気後れ」や「気負い」もじょじょに減っていき、心理的な意味でも不登校を克服することができます。

残念ながらつぎのステップでもやはり「気後れ」や「気負い」が抜けずにうまくいかなかった場合は、つぎの回復のタイミングを目指します。

高校の場合は、単位取得の関係もあって別室登校などを継続して卒業資格を得るのは難しいため、より負担の少なそうな学校への転籍を考える方向や、高等学校卒業程度認定試験（通称「高認」、従来の「大検」）を受けての進学を目指す方向を考えるのが通常の戦略です。

小学校から不登校である場合、中学校入学のタイミングで不登校から完全に回復するケースは経験上あまりありません。よほど自力のある人か、不登校期間が小学校6年生の後半に限られている場合など、かなり限られた条件でなければ中学校入学時点での不登校からの回復は相当難しいと言ってよいでしょう。小学校から中学校に進学しても、多くの場合小学校からの人間関係がある程度引き継がれるために環境的なリセットがかかりにくいというのがその一つの理由であると考えられます。

ただ、おそらくそれ以上に大きな要因は、子どもの対人関係能力の不足です。実際のところ、対人関係能力はギャングエイジとも呼ばれる小学校高学年頃における他者とのかかわりの経験によって大きく向上します。その時期を不登校で過ごしてしまえば、中学の時点で「気後れ」だけでなく実際の対人関係能力の相対的な低さも重なってくることになります。ましてや小学校から不登校である場合には「気後れ」以外に家庭環境による影響や生まれ持った気質の影響など、もともとの学校への行きにくさがある場合がほとんどです。

そうなると、中学校入学の時点での周りの人との相対的な能力の差はなお開いてしまう可能性が高いのです。小学校からの不登校については中学において改めて不登校としての対応を続けながら実際の能力面の向上も図っていくことが必要になります。

不登校への対応について説明してきたこの章を終えるにあたって、不登校の子どもにかかわる支援者が絶対に覚えておくべきキーワードを２つあげておきます。

１、「終わりよければすべてよし」

不登校の最終的な回復はつぎのステップに進めた時であると説明しました。このことを思春期の自己確立という観点から見てみれば、やるべきことでありやりたいことでもあった進学を実現することで自己確立に一歩近づいたわけで、このことが「気後れ」を減らしたと言えなくもないのです。

ここで重要なのは、子どもにとって意味があるのはそれまでの過程ではなく、よい結果そのものであるということです。よい結果さえ出てしまえば、それまで悩んでいた過程におけるちゃんとできていなさはすっかり気にならなくなってしまうのです。だからこそ、しっかり学校に通って進学するという正攻法にこだわらず、なりふり構わずとにかく進学にこぎつけることが必要なのです。進め方が正攻法ではないので絶対に成功する、あるいは絶対に正しいやり方というものはそもそもありません。これまでに説明した対応の基本に沿っていろいろ試し、それがよければ続け、うまくいかなければ変えるという試行錯誤を続けていくのがよい方法なのです。

2、「待てば海路の日和あり」

よい結果を目指すためにもう一つ大事なのはタイミングでした。タイミングが外れているとそもそも不登校の子どもは動けません。だからこそそのタイミングをうまく待つことの重要性は計り知れません。とくに子どもの場合成長するという要素があるため、今できなくてもいずれできるようになるという可能性は大いにあるのです。ある時点でうまくいかなくてもそこで焦らずに、時にはそこから一時退却して、じっと力を蓄えてつぎのタイミングに備えるというのも戦略として悪くないのだと考えておきましょう。

不登校の子どもにかかわるに際しては、子どもの持っている力を信じるという意味での適度な楽観性が求められるのです。

第6章 思春期の子どもに親はどう対応すべきか

しつけは将来への投資

本書では、不登校を思春期のつまずきという視点でとらえた上で、その対応法を説明してきました。不登校やそれに付随した「家庭内暴力」や「電子メディア依存」は、自己確立という思春期の課題に向き合えなくなった状況における現実逃避として現れるものであり、「気後れ」「気負い」といった不登校で特徴的に表れてくる心理状態に配慮しながら、つまずきによって揺らいでしまった〈自己〉や〈自我〉のバランスをうまく取り直し、自己確立への道をもう一度進めるようサポートをしていくのが不登校からの回復に必要な対応でした。

ここまでは、不登校という主に子どもがうまくいかない状況に陥った時のことでしたが、それなりにうまくいっている思春期の子どもに対して、親がどう対応していくのがよいかということについても触れておきたいと思います。問題がない時のよい対応があってこそ、不

図⑨　子どもの心の成長と親のかかわり

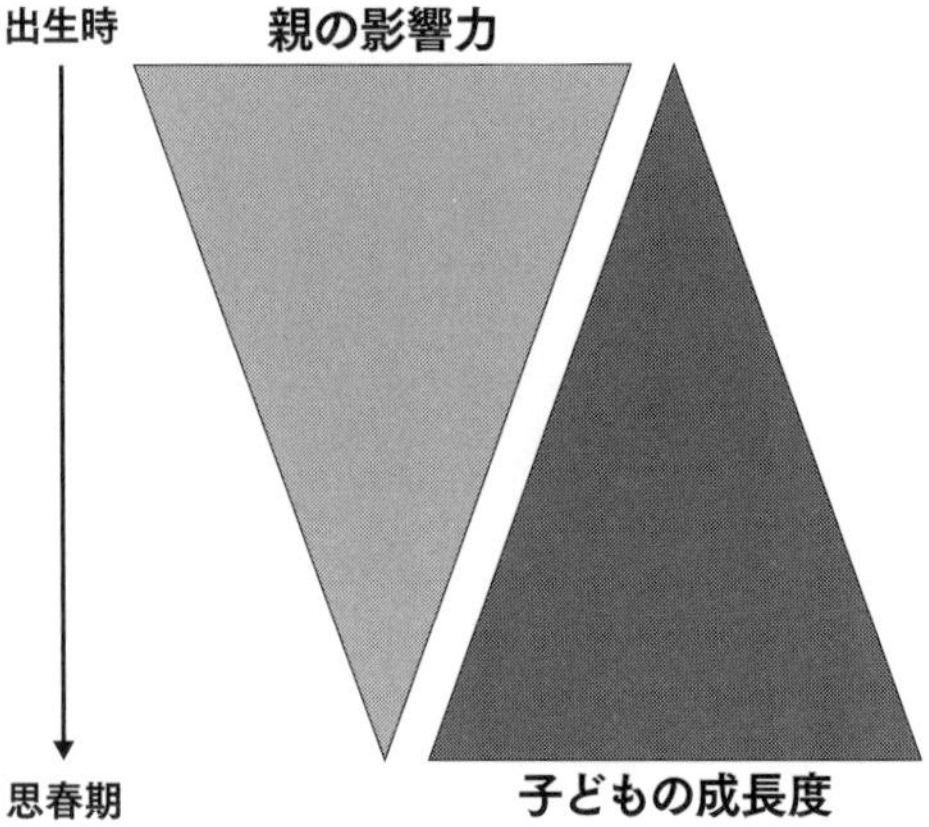

登校になった時の対応がより生きてくるのです。

子どもの精神的な成長は母親からの接近と分離をくり返しながら進んでいきますが、接近と分離と言いつつも、子どもは同じところをぐるぐると回っているわけではなく、成長と共に親からの距離はじょじょに離れていき、いずれは1人の人間として自立していくことになります。

図⑨を見てください。親の影響力は子どもが自分のことをなにもできない出生時が最大で、子どもの成長度が高まっていくにつれて次第に低下していくのです。それでは親の影響度が極小となってしまうのは一体いつなのでしょうか。

それは思春期、すなわち中高生の時期です。みなさんの多くは、「えっ、そんなに早く？」と思われるのではないでしょうか。

日本においては子どもを自立させようという意識が薄いため、親にとって自分の子どもはいつまでたっても子どもで、ある程度大きくなっても親は自分の子どもをつい子ども扱いしてしまいがちです。そのため親にしてみれば子どもがいくつになっても出生時と同様に子どもに対して自分が強い影響力を持っていると思い込みがちなのです。

実際のところ、中高生の能力を考えた時に、もちろん早熟な子どもがいないわけではありませんが、大抵の場合先を見通す力が弱く、短絡的な行動が目立ちやすいのは事実です。それは当然のことで、先を見通す力は経験を重ねるほど（場数を踏むほど）高まるので、大人の方が高くなります。

子どもはよく「少し年上なだけでえらそうに」などと言いますが、年を重ねることそのものの価値はやはりあるのです。子どもよりも少し人生を長く生きている親から見れば中高生の行動は危なっかしいことばかりでついつい口を出したくなります。でも思春期に入った子どもにその言葉はもはや届かないのです。

もし、親としてしつけなどで子どもにどうしても伝えておきたいことがあるのであれば、それは小学生の間に終えておくべきです。親（というよりは周囲の大人）は子どもが思春期に入る前になにが望ましいかの価値基準や判断基準となるものを子どもに対して責任をもって伝えておかなければならないのです。

実際にそれらが妥当であるかどうかは子どもがその後の経験の中で判断していくことになるのでしょうが、少なくとも最初の時点で基準がなければ判断そのものができなくなってしまうのです。

ただし、小学生の時点で親や周囲の大人が価値基準や判断基準にかかわるさまざまなことを子どもに伝えたとしても、多くの子どもはその時点でそれらをきちんと実行できる、あるいは使いこなせるようにはならないということは肝に銘じておくべきです。子どもは子どもであるが故に認識力や理解力が大人に比べれば弱く、しかもそれらを補うための経験も十分には積めていません。

さらには脳の発達から考えても、あるいは社会的な意識の強さから考えても自分をコントロールする力が大人に比べればはるかに弱いのです。だから大人にとって当たり前のことであっても、それを正しく把握できなかったり、うまくこなせなかったりして、結局は言われたその場では行動が修正されないことがほとんどなのです。思春期に入ると「反抗期」としての意図的なだらしなさやいい加減さが強まるので、わかっていてもあえてやらないという状況が生じ、結局その時点でも行動が修正されないことの方が多いでしょう。

ただ、それは子どもになにを言っても無駄という意味ではありません。親や周囲の大人からくり返し言われたことそれ自体は子どもの頭の中に残っており、いずれ成長と共に認識力や理解力、あるいは経験がある程度高まってきた段階では、親や周囲の大人から言われたことの意味がわかり、そこで子ども（その時点ではもう大人かもしれませんが）がそれらを正しいと受け入れればそこで初めて行動修正につながることになるのです。しつけにせよ人生訓にせよ、それは今この時点での子どもの行動を変えるためではなく、将来への投資としてという感覚で伝えるのが適切なのです。

「去る者は追わず、来る者は拒まず」

それでは、実際のところ思春期の子どもに対して親はどのようにかかわればよいのでしょうか。原則は「去る者は追わず、来る者は拒まず」です。この言葉を残した孟子はもちろん親子関係を意識していたわけではありませんが、思春期の親子における理想的なかかわりを表すのにこれほど適切な言葉はありません。

うまくいっている思春期の子どもであれば、家や家族の比重よりも外での学校生活や友人関係の比重がじょじょに大きくなり、その中でいわゆる親離れが進んでいきます。たとえ親から見て危なっかしいことであっても自発的に親から離れていくのであればそれは健全な状態であるので、親は口出ししないでそのまま見守っておくのがよいのです。「去る者は追わず」です。

一方で、たまに疲れたりうまくいかなかったりする時には、普段よりも家族がいるリビングで長く過ごしていたり、珍しく声をかけてきたりするかもしれません。そういう時はやさしく相手をしてあげればよいのです。「来る者は拒まず」です。そうすれば、元気が戻ってまた外でがんばってくることでしょう。ただし、家で甘えるだけで解決しないくらいうまくいかなさが大きくなっている場合、その事態に応じた個別の対応が必要となるのは言うまでもありません。

実は、大抵の親は「去る者は追わず、来る者は拒まず」の正反対のことをやりがちです。親の視点で考えると、子どもがなにかをしようとするとそこに危うさを感じてしまうので、つい反対したくなります。子どもが家にいてなにもせずにごろごろしているのを見ると、なまけているように感じ、なにか（大抵は勉強）するように言い、それを許しません。子どもの望むことの正反対を求めるのですから、これでは「去る者をひきとめ、来る者を拒む」ことになってしまっています。このようなかかわりをする親が子どもから「うざい」と思われても仕方がないでしょう。

親がこのように子どもにかかわってしまう一番の理由は、親が子どもを見すぎてしまっているからです。一般にふつうと考えられている親の子どもに対するかかわり方の度合いは、実は子どもにとってはかかわりすぎ、いわば過保護・過干渉となってしまっています。親はただでさえ子どもにかかわりすぎているのに、親の手を借りる必要性が低くなっている思春期の子どもに、小学生までと同じやり方を続けてしまったら、それは適切なかかわりにはなりません。親が子どもとの関係を少し引いた位置から見直す、そのための方法として、私は夫婦関係をもっと大事にしていくということを提案しています。

たとえば、平日に有休をとって、子どもが学校で家にいない間に、あるいは土日でも子どもが日中遊びに出ている間に、夫婦でランチに出かけたっていいのです。夫婦で共通の趣味があれば、子どものいない時間にそれをやったっていいでしょう。とくに、子どもが中学生以上であれば、たいてい子どもは親が誘っても一緒に出かけなくなるので、そうなればもっと積極的に夫婦で出かけることができるはずです。

両親が仲よく過ごしている姿が子どもによい影響を与えるのは間違いありません。自分の将来像としても、これ以上によいロールモデルはないでしょう。

日本の家族は子ども中心になりがちですが、これが世界標準なのかといえば必ずしもそうではありません。とくに欧米圏では、子どもよりも夫婦の関係の方がよほど重視されます。夫婦の時間を過ごすために子どもにがまんさせるのは当たり前で、たとえば、夫婦で外出するためにベビーシッターに子どもを見てもらうというのは欧米圏ではふつうに見られる光景です。欧米圏では子どもに自立を強いる育児スタイルであると説明しましたが、その背景にはこうした家族のあり方における価値観の違いも隠れているのです。

一概に欧米的な育児がよいとも言えませんが、近代化の過程で地域コミュニティから切り離されて、親単独の育児となったために、子どもへの親のかかわりの度合いが行き過ぎてしまった日本的な育児のバランスを取る意味でも、夫婦関係を重視する欧米的な価値観を少し取り入れてみるのもよいのではないでしょうか。「過ぎたるは猶及ばざるが如し」です。

あとがき

この本の執筆中に新型コロナウイルス感染症の世界的な大流行が起きました。日本においても新型コロナウイルスの感染拡大を受けて、２０２０年3月から日本中の学校が一斉休校となり、４月から新年度を始められないという異例の事態となりました。そしてこうした状況は当然子どもたちにもさまざまな影響を与えました。

不登校の子どもたちについても受けた影響はさまざまでした。ゆっくりと新年度が始まったのがプラスに働いて学校に行きやすくなった子もいれば、新年度の環境変化になじむためのタイミングを逃して学校に行きにくくなった子もいたようです。行事がなくなったり他の生徒との交流が薄くなったりしたことでクラスになじみにくくなり、進学やクラス替え後に不登校傾向となった子は少なからず見られました。しかし、いずれにしても学校が一斉休校であった間は不登校の子どもたちのほとんどが穏やかに過ごせたようです。周りを非常に気にする不登校の子どもたちにしてみれば、みんなが休みという状況は非常に安心しやすかったのだと思います。

この本の執筆時点で、新型コロナウイルス感染症はまだ終息への見通しがつく状況ではありませんが、周りを気にするといえば、日本で新型コロナウイルスの第一波の感染拡大をいったんは抑えた原動力となったのも、やはり周りを気にするという日本人の国民性でした。諸外国と異なり、国からの強制ではなく自粛の要請だけで感染拡大の要因となる人の動きを止めることに見事に成功したのです。マスクについても、諸外国でマスク着用の強制への反発が強く、なかなか着用が広まらなかったのに対し、日本ではお願いだけでほぼ全国民がマスクを着用しました。

これまでも災害時に日本人が整然と行動し大きな混乱が起きないことについて諸外国から驚嘆と共に取りあげられてきていましたが、周りを気にして周りに合わせるという日本人特有の同調性が今回の新型コロナウイルスへの対応においてもプラスに働いたと言ってよいのでしょう。

日本人特有の同調性が一方で不登校を引き起こし、もう一方では災害や感染症に打ち勝つ力となるのです。なんと皮肉なことでしょうか。

ただ、この本の中でも説明しましたが、不登校からの回復を進めるために必要なのは社会を変えるということではありません。日本人の国民性や現在の社会的状況は容易に変えられるものではなく、それらがある前提の中でやれることをやっていかなければならないのです。そのための手法をこの本ではお話ししてきたつもりです。結局、不登校から回復させるきっかけとなるのも日本人特有の同調性に他ならないのですから。

最後に、著者の思いを汲《く》んでいただき本書の出版に御尽力いただいた合同出版株式会社編集部の上村ふきさんには多大なる感謝を申しあげます。また、著者が児童精神科医としてやっていく中で子どもの心を理解するためのさまざまな示唆を与えてくれた著者自身の5人の子どもたち、そして子どもたちを共に育ててくれた妻に感謝を捧げたいと思います。

成重竜一郎

2021年4月

■参考文献

《第 1 章》

- ガートルード・ブランク、ルビン・ブランク著、馬場謙一監訳、篠原道夫、岡元彩子訳（2017）『自我心理学の理論と臨床　構造、表象、対象関係』金剛出版

《第 2 章》

- 文部科学省初等中等教育局児童生徒課（2019）：「平成 30 年度児童生徒の問題行動・不登校等生徒指導上の諸課題に関する調査結果について」
https://www.mext.go.jp/content/1410392.pdf
- 大倉幸宏（2013）『「昔はよかった」と言うけれど　戦前のマナー・モラルから考える』新評論
- 大倉幸宏（2016）『「衣食足りて礼節を知る」は誤りか　戦後のマナー・モラルから考える』新評論
- 河合雅司（2015）『日本の少子化百年の迷走　人口をめぐる「静かなる戦争」』（新潮選書）、新潮社
- ジャレド・ダイアモンド（2013）『昨日までの世界　文明の源流と人類の未来（上・下）』日本経済新聞出版社
- 東洋（1994）『日本人のしつけと教育　発達の日米比較にもとづいて（シリーズ人間の発達12）』東京大学出版会
- 榎本博明（2015）『ほめると子どもはダメになる』（新潮選書）、新潮社

《第 3 章》

- 山崎晃資他編集（1998）『児童青年期精神障害（臨床精神医学講座第 11 巻）』中山書店

《第 4 章》

- 内閣府（2018）：「平成 29 年度青少年のインターネット利用環境実態調査」
https://www8.cao.go.jp/youth/youth-harm/chousa/h29/net-jittai/pdf-index.html（参照 2020 年 6 月 30 日）
- American Psychiatric Association 編、日本精神神経学会日本語版用語監修、高橋三郎、大野裕監訳（2014）「DSM－5精神疾患の診断・統計マニュアル」医学書院
- Abraham Weinstein et al.（2017）：*New developments in brain research of internet and gaming disorder*. Neurosci Biobehav Rev 75：314-330.
- Adrian F. Ward et al.（2017）：*Brain Drain：The Mere Presence of One's Own Smartphone Reduces Available Cognitive Capacity*. Journal of the Association for Consumer Research 2（2）：140-154.
- 総務省情報通信政策研究所（2016）：「中学生のインターネットの利用状況と依存傾向に関する調査」
https://www.soumu.go.jp/iicp/chousakenkyu/data/research/survey/telecom/2016/20160630_02.pdf（参照 2020 年 6 月 30 日）

《第 5 章》

- 齊藤万比古（2006）『不登校の児童・思春期精神医学』金剛出版
- 厚生労働省雇用均等・児童家庭局（2008）：「子どもの心の診療医の専門研修テキスト」
https://www.mhlw.go.jp/bunya/kodomo/pdf/kokoro-shinryoui03.pdf（参照 2020 年 6 月 30 日）

タ行

ナ行

ハ行

マ行

ヤ行

ラ行

ワ行

■索引

（＊は人名）

■ 著者

成重竜一郎（なりしげ・りゅういちろう）

社会医療法人公徳会若宮病院児童精神科医長
2001年、日本医科大学医学部卒業。東京都立梅ヶ丘病院、日本医科大学付属病院、厚生労働省などを経て、現職。日本医科大学非常勤講師。医学博士、日本精神神経学会認定精神科専門医・指導医、日本児童青年精神医学会認定医、子どものこころ専門医。専門は児童思春期精神医学。

[解説・著書]
『わたし中学生から統合失調症やってます。』（2018年、合同出版）

組　版　GALLAP
カバーデザイン　小口翔平＋畑中茜（tobufune）
カバーイラスト　むすび

不登校に陥る子どもたち
「思春期のつまずき」から抜け出すためのプロセス

2021年4月10日　第1刷発行
2022年5月10日　第2刷発行

著　者　成重竜一郎
発行者　坂上美樹
発行所　合同出版株式会社
東京都小金井市関野町1-6-10
郵便番号　184-0001
電話　042（401）2930
振替　00180-9-65422
ホームページ　https://www.godo-shuppan.co.jp
印刷・製本　株式会社シナノ

■刊行図書リストを無料進呈いたします。
■落丁乱丁の際はお取り換えいたします。

ISBN 978-4-7726-1454-2　NDC 370　188 × 130